Helmut Krätzl

Mein Leben für eine Kirche,
die den Menschen dient

Helmut Krätzl

unter Mitarbeit von
Josef Bruckmoser

Mein Leben für eine Kirche, die den Menschen dient

Tyrolia-Verlag · Innsbruck-Wien

Mitglied der Verlagsgruppe „engagement"

Bibliografische Information Der Deutschen Nationalbibliothek
Die Deutsche Nationalbibliothek verzeichnet diese Publikation in der Deutschen
Nationalbibliografie; detaillierte bibliografische Daten sind im Internet über
http://dnb.d-nb.de abrufbar.

© 2011 Verlagsanstalt Tyrolia, Innsbruck
Umschlaggestaltung: stadthaus 38, Innsbruck, unter Verwendung eines Fotos von
Claudia Henzler – henzlerworks.com
Autorenfoto auf der Umschlagklappe: Claudia Henzler – henzlerworks.com
Layout und digitale Gestaltung: Tyrolia-Verlag, Innsbruck
Lithografie: digi-service, Innsbruck
Druck und Bindung: Formatisk, Slowenien
ISBN 978-3-7022-3137-8
E-Mail: buchverlag@tyrolia.at
Internet: www.tyrolia-verlag.at

Inhalt

Vorwort 7

I. MEIN WEG ALS PRIESTER 9
Katholisch aufgewachsen 9
Hoffnungsträger Kirche 14
Im Zentrum kirchlicher Verwaltung 16
Der Überraschungspapst 22
Stenograf in der Konzilsaula 25
Abschied von gestern 28

II. MEIN WEG ALS KANZLER UND WEIHBISCHOF 37
Die gesellschaftspolitische Verantwortung der Kirche . . 37
Der „rote" Kardinal 39
Papstbesuch 1983 49
Das Ende der Ära König 55
Ad limina 1987 66
„Heiliger Vater" 69
Leben und Tod 77
Der Fall Groer 83
Dialog für Österreich 87

III. MEIN LEBEN FÜR BILDUNG UND ÖKUMENE 93
Offene Erwachsenenbildung 93
Streitfall Religionsunterricht 103
Ökumene à la Wien 113

IV. MEIN LEBEN FÜR DIE KIRCHE DES KONZILS 125
Reformstau und Kompromisse 126
Der Richtungsstreit 128
Ist die Konzilseuphorie berechtigt? 130

Das römische Dossier 133

Die Vorladung 138

Unerledigt 150

V. MEINE SORGE UM DIE KIRCHE, WIE SIE IST 155

Gemeinden ohne Priester, Priester ohne Amt 155

Religionsunterricht, Firmung, Wallfahrt – und dann

Kirchenaustritt? 160

Der dreifache Vertrauensverlust der Kirche 166

Wiederverheiratete Geschiedene. 170

Ein neues Konzil? 180

VI. MEINE HOFFNUNG FÜR EINE KIRCHE,

DIE ZUKUNFT HAT 185

Eine Kirche, die dem Einzelnen dient. 185

Eine Kirche, die der Gesellschaft dient 189

Zeichen, die Mut machen 192

Mein Kirchentraum 197

Kirche muss immer noch mehr sein 199

Erster Bildteil . . . . nach Seite 48

Zweiter Bildteil . . . . nach Seite 112

Personenregister. 204

Vorwort

Knapp vor meinem 80. Geburtstag schaue ich auf mein Leben zurück. Es ist lang, war bewegt, ich habe Auf und Ab erlebt, Freude und Leid, und doch war es ein erfülltes, glückliches Leben, für das ich sehr dankbar bin. Nun will ich rückblickend über mein Leben nicht selber schreiben, sondern habe jemanden gesucht, der es „von außen" tut, möglichst sachlich und objektiver, als ich es könnte. Ich habe Josef Bruckmoser von den „Salzburger Nachrichten" darum gebeten. Er ist ein hervorragender Journalist und hat die Entwicklungen der Kirche in den vergangenen Jahrzehnten aufmerksam verfolgt, z. T. auch kommentiert. Er kennt auch mich schon lange und mein Wirken.

Ihm habe ich nun mein Leben erzählt, drei Tage lang in Salzburg bei den Pallottinern auf dem Mönchsberg und zwei Tage lang in Wien in meiner Wohnung. Daraus hat er einen umfassenden Bericht gemacht. Wie von einem Journalisten nicht anders zu erwarten, hat ihn besonders interessiert, was sich in meinem langen Priester- und Bischofsleben hinter den Kulissen abgespielt hat, in Wien und zwischen der Kirche in Österreich und Rom. Vieles, was ich ganz persönlich miterlebt und auch mitgemacht habe und wie ich darauf reagierte. Er hat mich „schonungslos" gefragt und ich habe ihm offen geantwortet. Warum habe ich das getan? Wäre schweigen nicht diskreter gewesen?

Ich habe lange überlegt und mich dann doch zu mancher Offenlegung entschlossen. Einmal, um ein weit verbreitetes Vorurteil zu entkräften, Bischöfe hätten in den letzten Jahrzehnten zu problematischen Entwicklungen in der Kirche in Österreich nur geschwiegen. Zum anderen aber möchte ich jene, die Leitungsverantwortung in der Kirche tragen, daran erinnern, dass man durch Schweigen – aus welchem Grund immer – der Kirche auch schaden kann, ja die so notwendige Weiterentwicklung und Erneuerung hemmt.

In den vielen Priester- und Bischofsjahren habe ich die „erste Liebe" zur Kirche nie verloren, sondern Kirche sogar immer mehr in einer neuen Form lieben gelernt. Mir wurde klar, dass Kirche immer noch mehr ist als ihre augenblickliche Erscheinungsform, in Pfarre, Diözese, selbst in Rom. Das Zweite Vatikanische Konzil, das ich hautnah miterleben durfte, hat in mir eine Leidenschaft geweckt, alles in meiner Kraft Stehende zu tun, um den vom Konzil gewiesenen Weg weiterzugehen und andere davon zu überzeugen. Dazu haben mich persönliche Begegnungen mit Papst Johannes XXIII. ermutigt. Als wohl längster Mitarbeiter von Kardinal König, dem ich so viel verdanke, fühle ich mich verpflichtet, gleichsam sein geistiges Erbe zu wahren und weiterzutragen.

Helmut Krätzl, zu Pfingsten 2011

I. Mein Weg als Priester

Katholisch aufgewachsen
Oder: Frühe Liebe zur Eucharistie

Es war im Frühjahr 1944. Die Schulen in den inneren Bezirken von Wien waren alle gesperrt. Ich war daher für das Sommersemester in das Gymnasium Melk gekommen. Ich musste erstmals von zu Hause weg und bin weinend nach Melk gefahren. Dort war meine älteste Schwester als Lehrerin für Mathematik und Physik angestellt. Das brachte mir auch noch ätzende Bemerkungen von Mitschülern ein, ich würde bevorzugt, weil meine Schwester hier tätig war. Allerdings haben sich in den wenigen Monaten in Melk auch Freundschaften entwickelt, die ein Leben lang hielten. Die Schule war zwar im alten Benediktinerstift untergebracht, aber nun verstaatlicht. Wir Schüler waren in großen Schlafsälen untergebracht. In jedem dieser Säle war ein älterer aus der siebten oder achten Klasse für die Erziehung im Sinne der Hitlerjugend verantwortlich.

Zu Pfingsten bekamen wir keinen Heimaturlaub, weil wir zu einem regionalen Chorwettbewerb antreten sollten. Es kam der Pfingstsonntag und es war für mich undenkbar, an einem so hohen Feiertag nicht in die Kirche zu gehen. Ich wollte unbedingt um sechs Uhr zur heiligen Messe, durfte dabei aber auf keinen Fall bemerkt werden. Ich fand zwei Mitschüler, mit denen ich gemeinsam einen Plan ausheckte: Wir wollten rechtzeitig aufstehen, uns aus dem Schlafsaal in die Kirche schleichen und uns sofort danach wieder niederlegen. Es hat tatsächlich geklappt. Wir sind nicht aufgefallen. Als dann Tagwache war, lagen wir alle im Bett, als ob nichts gewesen wäre. Die heilige Messe hatten wir mitgefeiert. Mein Gewissen war erleichtert.

Die Episode aus dem von den Nazis säkularisierten Stiftsgymnasium Melk wirft ein Licht auf das katholische Milieu, in dem ich aufgewachsen bin. Der Sonntagsgottesdienst war selbstverständlich, so wie das Tischgebet oder das Abendgebet. Mein Bruder, der vier Jahre älter war als ich, war Ministrant. Der Vater spielte im Kirchenchor Geige, er war liebenswert und von Grund auf katholisch. Für mich selbst, den Jüngsten der vier Geschwister – die eine Schwester war neun, die andere sieben Jahre älter –, war aber die Mutter die prägende Persönlichkeit. Sie hat eine innere Frömmigkeit ausgestrahlt. Für uns Kinder war das nicht aufdringlich, aber es hat uns geformt. Ein Sonntag ohne heilige Messe wäre für meine Mutter undenkbar gewesen. Das hat nachhaltig gewirkt, bis hin zu jenem Pfingstsonntag in Melk.

Wir wohnten im 7. Wiener Gemeindebezirk in der Neustiftgasse Nr. 22 gleich gegenüber der Pfarrkirche St. Ulrich. Dort wirkten bis 1968 die Steyler Missionare aus St. Gabriel bei Wien. Es gab damals noch drei Kapläne. Einer war P. Leopold Hochhuber SVD, bekannt für seine Geschichten, die er für Kinder in der Missionszeitschrift „Der Jesusknabe" schrieb. Er hatte auch ein Buch für Erstkommunionkinder verfasst mit dem Titel „Kinder in Weiß". Er war oft in unserer Familie und hatte mich sehr gern. Eines Tages sagte er zu meiner Mutter: „Der Helmut könnte zur Frühkommunion gehen." So bin ich am 21. Juni 1936, keine fünf Jahre alt, in der Klosterkapelle der Sionsschwestern in der Burggasse allein und ohne Beichte zur Erstkommunion gegangen. Es war eine große Feier und ich verspürte eine kindliche Freude, dass ich das schon durfte: Jesus in der heiligen Kommunion empfangen, wie die Großen. Ich glaube, ich bin schon damals in ganz jungen Jahren dem Geheimnis der Eucharistie voll Freude nahegekommen.

Meine Mutter hat in der Früh meine drei älteren Geschwister immer vor dem Schulgehen „abgespeist" und ist dann vor dem Einkaufen in die Acht-Uhr-Messe nach St. Ulrich gegangen. Von meiner frühen Erstkommunion an begleitete ich sie. Dabei ging ich sehr gerne immer zur Kommunion, keineswegs nur meiner Mutter zuliebe. Sehr bald habe ich zu ministrieren begonnen, meist schon bei der Frühmesse um halb sieben. Einzig das schwere Haustor bei uns daheim konnte ich noch nicht öffnen, das musste mein Vater für mich tun. Aber weder er noch meine Mutter haben mich zu dieser religiösen Aktivität gedrängt. Es kam aus mir selbst, ich hatte Freude daran.

1937 bin ich als Taferlklassler in die Privatschule der Piaristen im 8. Bezirk gekommen. Ein Jahr später wurde die Schule aufgelöst. Es war die erste Trennung von guten Freunden, die ich dort gewonnen hatte. Allerdings habe ich einen in besonderer Weise später wieder getroffen, er hieß Otto Maar. So musste ich ab der zweiten Klasse in die öffentliche Volksschule in die Burggasse gehen. Das war sogar näher.

Sehr früh war ich schon Lektor und stolz darauf, dass ich die lateinischen Gebete des Ministranten auswendig konnte. Mich hat das Ministrieren von Anfang an fasziniert. Ich habe sogar zu Hause Messe gespielt. Sehr früh kam mir schon von ganz allein die Idee, Priester zu werden.

An meinem zehnten Geburtstag im Jahr 1941 kamen Führer der DJ (das war die erste Stufe der Hitlerjugend für die 10–14-Jährigen) zu mir. Sie haben mich eingeladen, in die Heimstunden zu kommen. Ich bin hingegangen, aber auch die anderen aus unserer Pfarrjugend waren da und haben den Ton angegeben. Als wir einmal zu Pfingsten in das Lager der DJ mitfahren sollten, haben wir gesagt, wir hätten keine Zeit, wir müssten ministrieren. So war es

dann auch. Es war ein Glück, dass so etwas in unserem Bezirk
möglich war.

In der vierten Volksschulklasse ist ein SA-Mann von der Natio-
nalpolitischen Erziehungsanstalt (NPEA, auch NAPOLA) gekommen und hat nachgeschaut, wer auffallend gute Noten hatte, im
Turnen ein bisschen beweglicher war und damit geeignet schien
für die „Erziehung zu einem Nationalsozialisten, tüchtig an Leib
und Seele für den Dienst an Volk und Staat". Da stieß er auch auf
mich, und so hieß es: Du gehst in die NAPOLA. Ich bin heulend
nach Hause gekommen und habe das meinem Vater erzählt. Der
war vom Kriegsdienst befreit und zu Hause. Er sagte: „Da gehst
du nicht hin." So bin ich dann auch nicht hingegangen.

Im Herbst 1941 kam ich ins Gymnasium der Piaristen, das schon
lange vor dem Krieg verstaatlicht worden war. Wir hatten einen
Ultranazi als Direktor, er hieß Leherbauer und war der Vater des
später berühmten „Maitre Leherb", des Mitbegründers der Wiener Schule des Phantastischen Realismus. Leherbs Vater hätte das
sicher als „entartete Kunst" bezeichnet. Gegen alle Warnung des
Direktors haben wir uns trotzdem alle zum Religionsunterricht
angemeldet.

Angst habe ich vor den Nationalsozialisten nicht verspürt. Was
uns Angst gemacht hat, waren die Fliegerbomben. 1942 waren wir
in eine größere Wohnung in der Ebendorferstraße 4 im 1. Bezirk
übersiedelt. Die wurde 1943 durch einen Bombentreffer im Nach-
barhaus schwer beschädigt. Ich bewundere heute noch meine
Mutter, wie sie das alles geschafft und Ordnung in unser Familienleben gebracht hat. Auch die schwerste Not im Krieg und in der
unmittelbaren Nachkriegszeit hat sie mit großer Ruhe durchge-
standen. Sie gab uns eine innere Sicherheit und war äußerst erfin-
derisch, jeden Tag etwas Nahrhaftes auf den Tisch zu bringen,
auch in der ärgsten Not.

Im Frühjahr 1945 hatten wir keine Schule. Nach Kriegsende
bin ich dann in die fünfte Klasse, wieder im Piaristengymnasium,

eingetreten. Die Klasse wurde dann aber aufgelöst und ich wechselte in der 6. Klasse ins Vasagymnasium. Dort traf ich ganz überraschend wieder Otto Maar, meinen Freund aus der ersten Volksschulklasse. Er kam aus einer liberalen Wiener Familie, aber ich konnte ihn für die Pfarrjugend in St. Ulrich gewinnen. Dort kam er der Kirche und auch dem Glauben nahe. Nach der Matura hat er zunächst Latein und Griechisch studiert. Im vierten Studienjahr aber inskribierte er zu unser aller Überraschung auch Theologie und trat in das Priesterseminar ein. Mitentscheidend war für ihn sicher das Erleben einer überaus regen Pfarrjugend. Diese war für viele ein Biotop einer gesunden Frömmigkeit und einer wachsenden Liebe zur Kirche. Bis heute sind viele von damals noch freundschaftlich miteinander verbunden. Mehr als zwei Dutzend treffen sich einmal im Jahr, natürlich ist heute kaum jemand unter 70 Jahre alt. Aus dieser Pfarrjugend kamen später zehn Priesterberufe, fünf Mädchen gingen ins Kloster. Viele fanden dort aber auch ihren späteren Ehepartner.

Prägend für den Geist in der Pfarrjugend war ein charismatisch begabter Jugendkaplan, P. Johannes Eß SVD aus Vorarlberg. Er war ein Opernnarr und begeisterte uns für die Musik. Bald gab es einen beachtlichen Jugendchor. Die Jugendmessen waren überaus beeindruckend und immer gut besucht. Wir kamen seinetwegen, wohl auch, weil wir Jugendliche uns gern trafen, und doch haben wir auf diese Weise die Liebe zur Liturgie und ein inniges Verhältnis zur Messe gelernt. Viel Freizeit verbrachten wir in der Pfarre und gingen oft wandern.

Im Sommer mietete Pater Eß für uns eine Vorsesshütte in Mellau im Bregenzerwald, wo er mit uns Jahr für Jahr auf Sommerlager ging, Mädchen und Burschen gemeinsam. Die Mädchen waren in der Hütte untergebracht, die Burschen im Heustadl. Ich war zwei Mal dabei. Es waren herrliche Tage. Jeden Tag hat er mit uns die heilige Messe gefeiert. Sonst aber bestiegen wir alle Berge der Umgebung. Der Kaplan hat uns sehr viel Freiheit gegeben und uns viel zugetraut. Einmal waren wir zu viert tagelang allein im Montafon unterwegs, Mädchen und Burschen. Das war für die damalige Zeit noch ungewohnt.

Hoffnungsträger Kirche
Oder: Was die Jugend in den 1950er-Jahren an der Kirche begeistert hat

Priester wollte ich werden, weil ich das Gefühl hatte, in diesem Beruf etwas für die Menschen tun zu können. Dazu kam aber die große Begeisterung für die Kirche insgesamt in der damaligen Zeit. Es war die große katholische Aufbruchsstimmung in den Nachkriegsjahren. Die Politiker, die Europa so rasch wieder aufgebaut haben, waren meist praktizierende Katholiken. In Deutschland Konrad Adenauer, dessen Sohn sogar Priester wurde, in Frankreich Robert Schuman, in Italien Alcide Degasperi, für den schon ein Seligsprechungsprozess läuft. In Österreich waren es Julius Raab, Leopold Figl, Felix Hurdes, Leopold Kunschak und viele andere. Die Kirche war auch in Österreich in allen Bereichen des öffentlichen Lebens, der Wissenschaft, der Kunst und Kultur mitgestaltend präsent.

Die Kirche war in den 1950er-Jahren auf der Gewinnerstraße und hat dadurch die Jugend angesprochen. In den Pfarren gab es faszinierende Jugendkapläne. Die Kirchen waren voll, ebenso das Priesterseminar. Bis zu 120 Seminaristen bereiteten sich auf die Weihe vor – heute sind es insgesamt kaum 25. Nicht zuletzt habe ich durch Priester aus St. Gabriel sehr früh den weltkirchlichen Aspekt kennengelernt. Wir trafen die großen Ethnologen des Ordens wie P. Wilhelm Schmidt, P. Paul Schebesta, der die Pygmäen erforschte, P. Wilhelm Koppers oder P. Martin Gusinde. Sie vermittelten uns eine globale Sicht von Kirche, ganz im Sinne des

Missionsauftrages „Geht hinaus in alle Welt und lehret alle Völker".

Der Unterschied zu unserer heutigen Situation ist eklatant. In den Pfarrgemeinden fehlen heute weithin junge Priester, die junge Leute begeistern könnten. Die Kirche wird nicht als Zukunftsmodell erlebt, sondern als schwindende Minderheit. Eine geschlossene christliche Gesellschaft ist auseinandergebrochen, vieles ist säkular geworden. Die Kirche hat ihre Monopolstellung in Fragen der Sinngebung verloren, steht nun in Konkurrenz mit vielen anderen Angeboten. Sie erfährt harsche Kritik, zu Recht und zu Unrecht. Der Jugend erscheint sie wie ein Auslaufmodell. Die Kirchenaustritte steigen, immer mehr Priester kommen aus dem Ausland und sind mit unseren kirchlichen, kulturellen und gesellschaftlichen Traditionen zu wenig vertraut. Nicht zuletzt sagen die Jugendlichen: „Die Kirche ist gegen alles." Firmlinge, die ich immer einlade, mir vor ihrer Firmung einen Brief zu schreiben, bringen das scharf auf den Punkt. Ein Mädchen schreibt: „Warum ist die Kirche gegen verheiratete Priester, gegen die Weihe von Frauen und gegen die Abtreibung?" Durch Medien geblendet und verwirrt, wird alles, wogegen die Kirche ist, als unmodern und längst veraltet gesehen. Die Jugendliche nennt den Zölibat, der nur eine Frage der Kirchendisziplin ist, und die Abtreibung, in der es um den prinzipiellen Schutz des Lebens geht, in einem Atemzug. Ein Zeichen, wie Jugendliche offenbar die Verkündigung der Kirche nicht mehr differenziert sehen können.

In der Aufbruchsstimmung der Nachkriegszeit studierte ich Theologie. Wir waren rund 200 Studierende, davon wurden an die 180 Priester. Frauen gab es an der theologischen Fakultät nur als Außenseiter, ich erinnere mich, dass es nur drei waren. Obwohl wir damals – vor dem Konzil – noch eine dürre neoscholastische Theologie vorgesetzt bekamen, eine schlechte Exegese und eine kasuistische Normenmoral, waren wir für die Kirche begeistert und konnten den Tag der Weihe kaum erwarten. Als ich 1954 mit

22 Jahren zum Priester geweiht wurde, benötigte ich wegen meines jungen Alters eine Dispens. Die Primiz in meiner Heimatpfarre St. Ulrich war ein großes Erlebnis.

Ich kam dann als Neupriester nach Baden bei Wien, wo 20.000 Russen lebten, vor allem Offiziere mit ihren Familien. Ich war für die studierende männliche Jugend zuständig und habe die für damals typischen Massenveranstaltungen der Jugend und Jungschar in lebendiger Erinnerung. 1955 standen wir jubelnd an der Triester Straße im Spalier, als Bundeskanzler Julius Raab, der mit dem Flugzeug in Vöslau gelandet war, den Staatsvertrag aus Moskau mitbrachte.

Im Zentrum kirchlicher Verwaltung
Oder: Diözesane Verantwortung und erste Rom-Erfahrung

1955 starb Kardinal Theodor Innitzer. Schon 1950 war Franz Jachym zum Koadjutor bestellt worden, allerdings ohne das Recht der Nachfolge. Trotzdem erwarteten nun alle, dass Jachym, den das Domkapitel nach dem Tod Innitzers auch zum Kapitelvikar gewählt hatte, Erzbischof von Wien werden würde. Obwohl die Kirche damals so mächtig war, hatte die Politik in Rom aber offenbar doch mehr Einfluss. Jachym hatte sich in seiner offenen Art schon mehrfach kritisch zu politischen Entscheidungen geäußert, am 15. Jänner 1956 aber kritisierte er in einer Großveranstaltung des Katholischen Familienverbandes im Musikvereinssaal die Wohnungspolitik der ÖVP und prangerte die Aufhebung des Wohnungsanforderungsgesetzes als unsozial an. Das verschaffe den Hausbesitzern Vorteile, Wohnungssuchende aber gerieten in Not. Da schickte Bundeskanzler Julius Raab einen seiner Mitarbeiter nach Rom und ließ ausrichten, man wolle Jachym nicht als Erzbischof von Wien. Das hatte offenbar Erfolg.

Statt Jachym wurde am 10. Mai 1956 der damalige Weihbischof in St. Pölten Franz König zum Erzbischof von Wien ernannt. Raab und Leopold Figl jubelten, kam dieser doch aus ihrer niederösterreichischen Heimat. Es gehört zur feinen Ironie der Konfliktgeschichte zwischen der katholischen Kirche und der ÖVP, dass diese später noch ihre liebe Not mit Franz König haben sollte, den sie wegen seiner guten Beziehung zur Arbeiterschaft und zu Bundeskanzler Bruno Kreisky gern den „roten Kardinal" nannte. Jachym konzentrierte sich in den folgenden Jahren bis 1969 hauptsächlich auf den Bausektor der Erzdiözese. Zur finanziellen Bedeckung hatte er schon im Dezember 1955 eine „Aktiengesellschaft zur Förderung von wirtschaftlichen Unternehmungen und von Bauvorhaben" gegründet. Er hielt sich wohl bewusst aus anderen Bereichen der Diözesanleitung heraus.

Am 17. Juni 1956 hielt der neue Erzbischof Franz König seinen feierlichen Einzug in die Domkirche von St. Stephan. Im Juli, ich war noch Kaplan in Baden, teilte mir die dortige Seelsorgehelferin Fini Helnwein mit, dass ich Zeremoniär beim neuen Erzbischof werde. Ich wollte das nicht glauben, weil ich ihn nicht kannte und er mich nicht. Aber Frauen wissen doch oft mehr in der Kirche. Im August hat mich dann Generalvikar Josef Streidt tatsächlich dem neuen Erzbischof als Zeremoniär zugeteilt. Ich war damit für die bischöfliche Liturgie und die Begleitung im Außendienst zuständig, während Franz Denk, der schon bei Kardinal Innitzer Sekretär war, das Sekretariat leitete. Ich trat den Posten mit großer Unsicherheit und mancher Furcht an, aber doch nicht ohne Stolz.

Für mich kamen nun sehr spannende Jahre. Ich erlebte den neuen Erzbischof auf zweierlei Weise. Einmal bewunderte ich ihn, wie er zielstrebig die vielen Aufgaben in der großen Diözese anging und Verbindungen zu allen wichtigen Bereichen auch des öffentlichen Lebens knüpfte. Es kam ihm dabei seine hervorragende Bildung zustatten – er war ja Fachmann für Religionswissenschaften und auch Professor für Moraltheologie in Salzburg. Überdies beherrschte er mehrere Fremdsprachen. Auf der anderen Seite aber merkte ich, wie scheu er war, distanziert, ja sogar ein wenig misstrauisch. Das hatte wohl zwei Gründe. Einmal seine harte Jugend, in der er unter der Strenge seines Stiefvaters sehr gelitten hatte. Zum anderen aber, weil er spürte, dass man ihn zunächst in Wien gar nicht sehr freundlich aufnahm, hatte man doch Bischof Franz Jachym, einen gebürtigen Wiener, als den logischen Nachfolger für Innitzer erwartet.

Dass der neue Erzbischof auch zu seiner nächsten Umgebung nur sehr langsam Vertrauen fand, merkte ich bei einem Mittagessen. König wurde zum Telefon gerufen. Sekretär Franz Denk war ein sehr lustiger Mensch und erzählte gern Witze. So auch, während der Erzbischof telefonierte. Wir mussten beide herzhaft lachen, was König bei seiner Rückkehr noch hörte. Nach dem Essen stellte er mich zur Rede und fragte, ob wir über ihn gelacht hätten. Ich verneinte wahrheitsgemäß, war aber doch von dem offensichtlichen Misstrauen überrascht und irritiert. Erzbischof Franz König blieb bei aller Wertschätzung, die ich von ihm erfahren habe, persönlich auch weiterhin eher distanziert.

Neben den vielen Tätigkeiten im Dienst des Erzbischofs nützte ich die Zeit als Zeremoniär zu meiner Fortbildung. Ich machte die Pfarrerprüfung, legte die nötigen Prüfungen für das Lehramt für den Religionsunterricht ab und machte auch den Führerschein. Vor allem aber bereitete ich mich auf ein theologisches Doktorat vor und arbeitete an einer Dissertation im Bereich Neues Testament bei Universitätsprofessor Johannes Kosnetter zum Thema „Die apostolischen Leiden des heiligen Paulus".

1958 hätte ich mit Erzbischof König zum fälligen Ad-limina-Besuch fahren sollen. Alles war in Rom vorbereitet, als plötzlich Pius XII. starb. Ich fuhr aber doch nach Rom und nützte die Zeit, um in der großen Bibliothek des Bibelinstituts Literatur für meine Dissertation zu sammeln. Ich war also während der Papstwahl in Rom und wurde Zeuge, als dieser am 28. Oktober 1958 auf dem

Petersplatz vorgestellt wurde: Angelo Giuseppe Roncalli, der Patriarch von Venedig, wurde im elften Wahlgang des Konklaves im Alter von 77 Jahren zum Papst gewählt – offenbar als Kompromisskandidat, wählbar für konservative Anhänger des Vorgängers wie für gemäßigte Reformer. Unsere erste Reaktion war überrascht bis enttäuscht: Da kam ein kleiner, untersetzter Mann in pummeligem Schritt auf die Loggia des Petersdoms herausgewackelt. Nach der hehren Papstgestalt von Pius XII. war die Vorstellung, dass Angelo Giuseppe Roncalli jetzt dieses Amt ausüben sollte, ein wahrer Schock. Der hat sich erst gelöst, als bald sehr lebensnahe Äußerungen vom neuen Papst kamen. „Ich gehöre zu einer Kirche, die lebendig und jung ist und ihr Werk ohne Angst in die Zukunft hineinführt", sagte Johannes XXIII.

Als Johannes XXIII. 1958 sein Amt antrat, war das Verhältnis zwischen dem Vatikan und Österreich gespannt. Streitpunkt war die Anerkennung des Konkordats. Bei einem Empfang in der österreichischen Botschaft in Rom anlässlich der Krönung des neuen Papstes hieß es informell, Johannes XXIII. werde wohl bald Kardinäle ernennen, „aber nicht den Erzbischof von Wien". Eine Depesche der österreichischen Bundesregierung zur Papstwahl wurde im Vatikan unter der Devise abgehandelt, „ist distanziert zu beantworten". Kein Kardinal für Wien wäre allerdings ein scharfer Affront gewesen. Zwei Wochen später schrieb Johannes XXIII. persönlich an Erzbischof Franz König, dass er ihn zum Kardinal ernennen werde. Später erklärte es der Papst so, dass dies im Hinblick auf die Verhandlungen über das Konkordat „als Vorleistung" zu verstehen sei. Für Franz Königs Position war dieser Vertrauensbeweis des Papstes nach den anfänglichen Schwierigkeiten in Wien sehr bedeutend.

1959 promovierte ich zum Doktor der Theologie an der Universität Wien. Ich hoffte, nun ungestörter meinen vielen Verpflichtungen an der Seite Kardinal Königs nachkommen zu können. Es sollte aber ganz anders kommen. Im 10. Februar 1960 starb Kardinal Alojzije Stepinac in Kroatien. Am 13. Februar fand in Zagreb seine Beisetzung statt, an der Kardinal König teilnehmen wollte. Am Vortag fuhren wir nach Graz, wo wir übernachteten. Zeitig in der Frühe setzten wir die Fahrt fort. Es war ein nebliger Tag, die Temperatur um den Gefrierpunkt. In einem Waldstück musste unser Chauffeur einen Radfahrer überholen. Auf der schlechten Straße, auf der plötzlich Glatteis entstanden war, kam er ins Schleudern und wurde von einem entgegenkommenden Lastwagen frontal gerammt. Erst am Nachmittag kam ich in einem Spital in Varazdin zum Bewusstsein.

50 Jahre danach, am 13. Februar 2010, schrieb „Die Presse" über diesen Unfall:

Heute vor 50 Jahren hätte das Leben des Wiener Erzbischofs Franz Kardinal König und seines damaligen Zeremoniärs Helmut Krätzl um ein Haar geendet. Bei einem Frontalzusammenstoß in Jugoslawien erlitten die beiden Wiener Kirchenmänner schwerste Kopfverletzungen, ihr Chauffeur war auf der Stelle tot. Am 13. Februar 1960 waren die drei Männer nach einer Übernachtung in Graz um sieben Uhr Früh mit der schweren Dienstlimousine des Kardinals (Autokennzeichen „W 25") in Richtung Zagreb gestartet, weil sie um zehn Uhr am Requiem für den verstorbenen kroatischen Erzbischof Alojzije Kardinal Stepinac teilnehmen sollten. Dichter Nebel und Glatteis behinderten die Fahrt, doch bemühte sich der Chauffeur, Martin Stadler, den Zeitplan einzuhalten. Der Mann war ein äußerst versierter Fahrer, von 1933 an stand er in Diensten des Ordinariats. Er wählte die Straße Pettau-Varazdin, die zwar um 14 Kilometer länger, aber besser ausgebaut war. 14 Kilometer südlich von Varazdin wollte Stadler einen Radfahrer überholen, er übersah dabei einen entgegenkommenden Tiefkühlwagen. Mit 90 Stundenkilometern krachte der schwere Mercedes in den Lastwagen.

Fahrer Stadler starb noch an der Unfallstelle. Die beiden Priester auf der Rückbank lagen bewusstlos in dem Wrack, ein zufällig vorbeikommender Gemeindearzt leistete sofort Erste Hilfe. In zwei angehaltenen Privatautos wurden die Verletzten ins Spital nach Varazdin gebracht. Die ersten Meldungen nach Wien sprachen von schweren Schädelverletzungen, bei Helmut Krätzl, der später Wiener Weihbischof werden sollte, war man ziemlich sicher, dass er den Tag nicht überleben würde. Zunächst wusste man im Spital nicht, um wen es sich bei den Unfallopfern handelte. Wegen der geistlichen Gewänder holte man aus dem benachbarten Franziskanerkloster Pater Guardian, der den beiden Schwerverletzten das Sakrament der Krankensalbung spendete. Noch am Nachmittag flog Königs Hausarzt Herbert Kraus mit einem Bundesheer-Hubschrauber nach Spielfeld, von dort brachte ihn ein Auto der Grazer Diözese nach Varazdin. Es „regnete" Genesungswünsche der österreichischen Politiker - Bundespräsident Schärf telegrafierte, ebenso Bundeskanzler Raab und der neue ÖVP-Obmann Alfons Gorbach. Eine Woche später konnten Kardinal König und Zeremoniär Krätzl mit dem Flugzeug nach Wien transportiert werden, wo sie noch drei Monate Spitalspflege und mehrere Operationen zu überstehen hatten. Der tote Fahrer wurde auf dem Baumgartner Friedhof begraben. Er hinterließ seine Frau und zwei minderjährige Kinder.

Zum ersten Mal in meinem Leben war ich mit dem Tod konfrontiert worden – und mit dem beklemmenden Gedanken, dass unser Chauffeur tot war und ich nicht überlebt hätte, wenn ich vorne im

Auto gesessen wäre. Fügung? Schicksal? Ich meine, es kommt nicht alles gleichsam direkt von Gott, aber man fragt sich, warum der Unfall so ausgegangen ist und nicht anders, warum ich überlebt hatte und ein anderer nicht. Dieser Gedanke sollte mir auch später noch einmal sehr nahegehen.

Meine Genesung nach dem Autounfall im März 1960 war langwierig. Ich musste bis Ende Juni im AKH in Wien bleiben und kam dann, da ich noch nicht recht gehen konnte, für einen Monat zur Rehabilitation ins Krankenhaus zum Göttlichen Heiland. Es folgte ein Erholungsurlaub mit meinem Bruder in Oberösterreich. Im Juli 1960 konkretisierte König, was er schon ein Jahr zuvor ohne mein Wissen gegenüber Prälat Jakob Weinbacher, dem Rektor der Anima in Rom, angedeutet hatte: „Ich schicke Sie jetzt nach Rom zum Weiterstudieren." Auf meine Frage, was ich dort studieren sollte, sagte König: „Kirchenrecht." Ich erwiderte, dass mich das nicht besonders interessiere. Darauf König: „Kirchenrecht kann man immer brauchen." Nachdem ich 1959 an der Universität Wien zum Doktor der Theologie promoviert worden war, sollte ich nun an der päpstlichen Universität Gregoriana in Rom mein zweites Doktorat erwerben, diesmal in Kirchenrecht. Ohne es zu ahnen, wurde dieser erzbischöfliche Auftrag, der mich von 1960 bis 1963 nach Rom führte, zur größten Wende meines Lebens.

Der Überraschungspapst
Oder: Reformanstöße und Gegenwind

Jene Kreise, die Johannes XXIII. als Übergangspapst gewählt hatten, wurden sehr bald schockiert. Am 25. Jänner 1959 hat er im Rahmen der Gebetswoche für die Einheit der Christen in der Kirche St. Paul vor den Mauern zur Überraschung vieler und zum Schrecken etlicher ein Konzil ausgerufen. Das Ökumenische Heiligenlexikon (www.heiligenlexikon.de) fasst das Programm prägnant zusammen: „Schon 30 Tage nach seiner Wahl kündigte Johannes XXIII. die Einberufung des Zweiten Vatikanischen Konzils an, das er am 11. Oktober 1962 eröffnete. Eine Woche zuvor hatte er als erster Papst seit 1870 den Vatikan verlassen und eine Wallfahrt zum Grab des hl. Franziskus nach Assisi unternommen. Das überraschend einberufene Konzil sollte die römisch-katholische Kirche durch Modernisierung (Aggiornamento) in Lehre und Organisation reformieren und die Begegnung der getrennten christlichen Kirchen sowie den Dialog mit anderen Religionen fördern." Insgesamt sollte das Konzil die römisch-katholische Kirche für das Zeugnis des Glaubens in einer Welt befähigen, in der die Moderne immer mehr an Einfluss gewann.

Der Wandel, der sich damit ankündigte, war dramatisch. Pius XII. hatte schon mehrfach Ansätze zur Erneuerung der Kirche gemacht, etwa die Liturgie betreffend, die Bibelwissenschaft oder die Sicht der Kirche. In den letzten Jahren seines Pontifikats aber verließ ihn offenbar der Mut, so weiterzudenken, und er traf ganz im Gegenteil wieder sehr konservative Entscheidungen. So hat Pius XII. durch seine Enzyklika „Humani generis" die Neuscholastik als einzig erlaubte Theologie zementiert. Die aus Frankreich kommende Nouvelle Théologie wurde brüsk zurückgewiesen. Die Autorität des päpstlichen Lehramtes wurde durch das am 1. November 1950 verkündete Dogma von der leiblichen Aufnahme Mariens in den Himmel bewusst hervorgehoben. Am 29. Oktober 1951 unterstrich der Papst in einer legendär gewordenen „Ansprache an die katholischen Hebammen Italiens", dass die Zeugung von Nachkommen der oberste und erste Ehezweck sei, dem alle anderen untergeordnet seien.

Auf der einen Seite liefen die offiziellen Vorbereitungen für das Konzil, auf der anderen versuchten gewisse Kreise in der römischen Kurie, die von Anfang an gegen das Konzil waren, ihre Einflussmöglichkeiten zu nützen, um das weitere Geschehen in der

Hand zu behalten. Zu diesem Zweck wurde im Jänner 1960 unerwartet – erstmals nach mehr als hundert Jahren – in Rom eine Diözesansynode abgehalten. Heute weiß man, dass die Idee dafür nicht vom Papst kam, sondern ihm von anderen „suggeriert" worden war. Das Vikariat der Diözese Rom hatte die Resolutionen vorbereitet, die durchgehend den Status quo bewahren sollten. Die Priester wurden zusammengerufen und stimmten ohne viel Diskussion in einem „feierlichen Akt" mit großer Mehrheit zu. Obgleich dies die Weltkirche nicht direkt betraf, hörten wir in Rom das Gerücht, das sei gleichsam eine Generalprobe für das Konzil gewesen. Auch dort werde man von der Kurie vorbereitete Texte schnell approbieren lassen. Alles in allem würde das nicht mehr als 14 Tage brauchen, hofften Gegner des Konzils.

Bedrohlicher für das Konzil waren dann gezielte Vorstöße gegen bestimmte Theologen und ihre „fortschrittlichen" Thesen. Ein Professor der Lateranuniversität griff vehement das Päpstliche Bibelinstitut wegen der Anwendung der historisch-kritischen Methode bei der Bibelauslegung an. Dieselbe Stoßrichtung hatte ein Monitum des Heiligen Offiziums vom 20. Juni 1961, das davor warnte, die Historizität der Evangelien in Frage zu stellen. Daraufhin wurden zwei Professoren des Biblikums, Zerwick und Lyonnet, abgesetzt. In der Anima ging uns das besonders nahe, da Pater Max Zerwick SJ dort monatlich Betrachtungen über den Epheserbrief hielt, an dessen neuem Kommentar er gerade arbeitete. Wir waren von seiner Art der Exegese und seiner spirituellen Tiefe ganz begeistert.

Am 22. Februar 1962 erschien das Rundschreiben „Veterum sapientia", das noch einmal die lateinische Sprache für den theologischen Unterricht vorschrieb. Zur gleichen Zeit hatte Dino Staffa, Sekretär der Kongregation für die Seminare und Universitäten, in einem Artikel in „Divinitas" von „drei konstitutiven Faktoren kirchlicher Einheit" geschrieben: 1. dem Thomismus; 2. der so präzisen Rechtsstruktur der Kirche, wie sie im Codex Iuris Canonici aufscheint; 3. der lateinischen Sprache als „Überwindung der babylonischen Sprachenverwirrung in der Kirche".

Theologen, die schon weiter gedacht hatten, wurden bedrängt. Am 7. Juni 1962 wurde eine römische Vorzensur für P. Karl Rahner SJ verfügt. Am 30. Juni veröffentlichte das Heilige Offizium ein Monitum gegen die Werke von Teilhard de Chardin. Das traf indirekt den französischen Theologen Henri de Lubac, der sich gerade um eine positive Interpretation dieser Werke bemüht hatte. Uns, die wir in Rom studierten, wurde klar, dass hier eine kleine, aber sehr einflussreiche Gruppe das Konzil, bevor es noch begonnen hatte, in eine ganz bestimmte Richtung zu bringen versuchte. Diese Gruppe wollte eine lehrmäßige Verurteilung von Aussagen moderner Theologen ähnlich dem Syllabus von Pius IX. im Jahr 1864. Andererseits aber drängte man auf neue Dogmatisierungen, etwa die Gnadenmittlerschaft Mariens, die „absolute Irrtumslosigkeit der Heiligen Schrift" oder die Herkunft aller kirchlicher Jurisdiktion vom Papst.

Stenograf in der Konzilsaula

Oder: Die größte Wende in meinem kirchlichen Leben und Denken

Beim Ersten Vatikanischen Konzil hatte man Stenografen eingesetzt. Das wollte man 1962 wieder tun, obwohl es jetzt auch schon Tonbandaufzeichnungen gab. Für diesen Stenografendienst suchte man junge Priester. Aus dem deutschsprachigen Priesterkolleg Anima meldeten sich Reinhard Lettmann, der spätere Bischof von Münster, Ferdinand Staudinger aus der Diözese St. Pölten, der Bibelwissenschaften studierte, und ich. Ein deutscher Professor, Aloys Kennerknecht vom Dolmetschinstitut in Germersheim, hatte die deutsche Einheitskurzschrift für die lateinische Sprache adaptiert. Monatelang wurden wir von ihm instruiert und übten fleißig. Wir wurden mit besonders dafür geeigneten Füllfedern ausgestattet und zogen mit großem Stolz mit den Synodenvätern am 11. Oktober 1962 in den Petersdom ein. Unsere Schreibtische standen unmittelbar neben dem Papstaltar. Die Organisation hinter den Kulissen der Konzilssessionen war aber dann gelinde gesagt „suboptimal". Wir haben fleißig stenografiert, aber de facto hat sich zunächst niemand für unsere Notizen interessiert. Erst Bischof Wilhelm Kempf von Limburg, der einer der Sekretäre des Konzils war, brachte dann „deutsche" Ordnung in unsere Arbeit. Was wir am Vormittag stenografierten, haben wir am Nachmittag in die Schreibmaschine getippt.

Neben der für das Konzil schließlich nicht so ergiebigen Arbeit hatte ich Gelegenheit, vieles rund um das Konzil mitzuerleben. Da bot sich für uns ein ganz überraschendes Bild. Viele Theologen, die vorher zensuriert worden waren, vor allem französische und deutsche, tauchten auf einmal auf und waren Berater ihrer Bischöfe. Die Bischöfe hörten auf sie, lernten offenbar die seit ihrer Studienzeit weiterentwickelte Theologie und brachten sie bei der Umarbeitung in die Konzilsvorlagen ein. Der theologische Berater von Kardinal König war Karl Rahner SJ, jener von Kardinal Frings aus Köln der junge Dogmatiker Joseph Ratzinger. Frings und Ratzinger wohnten bei uns in der Anima, so dass wir auch aus unmittelbarer Nähe deren Tätigkeit beobachten konnten. Dass die großteils in der alten Theologie vorbereiteten Schemata dann alle eine ganz neue Richtung bekamen, war den Theologen zu verdanken und den Bischöfen, die die Aufforderung Johannes' XXIII. verstanden, die Kirche müsse „einen Sprung vorwärts" machen. Das so hautnahe Erleben des Konzils hat mein theologisches Denken weitgehend beeinflusst, aber auch eine ganz neue Leidenschaft für die Kirche entfacht. Wenn ich heute zu den wenigen noch lebenden Augenzeugen des Konzils gehöre – die Konzilsväter sind schon alle gestorben –, dann fühle ich eine Verpflichtung, mich ganz und gar für die Weiterführung der Ideen des Konzils einzusetzen.

Trotz der so interessanten Arbeit beim Konzil habe ich doch auch meine Studien fortgesetzt. 1963 schloss ich das Kirchenrechtsstudium in Rom ab, ausständig war nur meine Doktorarbeit, die in fünfzigfacher gedruckter Ausführung eingereicht werden musste. Ich schrieb zum Thema „Die kirchliche Aufbauanleihe". Das war ein interessantes, aber auch riskantes finanzielles Unternehmen, bei dem die Kirche offiziell auf den Finanzmarkt ging und Anleihen auflegte. Die Idee stammte von Erzbischof Jachym. Die Absicht war, für den Wiederaufbau und Neubau von Kirchen und anderen kirchlichen Gebäuden nach dem Krieg schnell Geld zu lukrieren. Dieses musste dann erst im Laufe von 25 Jahren zurückgezahlt werden. Die Idee war so neu, dass der damalige Erzbischof von Mailand Kardinal Montini, der spätere Papst Paul VI., sich eigens in Wien darüber erkundigte, was ich stolz in meiner Dissertation auswies. Der Vertrauensvorschuss, den die Kirche nach 1945 genoss, war enorm. Die Anleihen waren ein großer Erfolg, wurden in fünf Tranchen ausgegeben und waren immer binnen kurzer Zeit überzeichnet.

Nach dem Abschluss des Studiums wurde ich im Sommer 1963 nach Wien zurückberufen. Allerdings war sich Kardinal König noch nicht schlüssig, was er mit mir anfangen sollte. Er schlug mir die Studentenseelsorge vor und meinte dazu in seiner nüchternen Art: „Sie können eine Art Vize-Strobl werden", also der Stellvertreter des damals sehr bekannten und verdienstvollen Studentenseelsorgers Karl Strobl. Ich war nicht begeistert und auch Erzbischof Jachym schien der Vorschlag nicht logisch: „Da hätte er Sie besser nach Paris zum Studium des Studentenmilieus geschickt und nicht zum Kirchenrecht nach Rom." Der damalige Sekretär von Kardinal König, Ferdinand Dexinger, gab mir den Tipp, ich sollte doch um die Pfarre Laa an der Thaya einreichen, in der er früher Kaplan war. Der dortige Pfarrer und Dechant war wenige

Tage vorher gestorben. So wurde ich Pfarrer in Laa an der Thaya und blieb dies bis 1969. Es war für mich eine ganz wichtige Zeit für die Entfaltung meiner Persönlichkeit und für die pastorale Erfahrung. Zudem unterrichtete ich dort in der Volksschule, in der Handelsschule und in der Handelsakademie und erfuhr die Grenzen meiner pädagogischen Fähigkeiten bei Berufsschülern, die gerade ihre Ausbildung als Mechaniker, als Bäcker oder als Fleischhauer machten. Mit diesen Erfahrungen konnte ich dann als „Schulbischof" in der Bischofskonferenz auftrumpfen.

Abschied von gestern

Oder: Die Wiener Diözesansynode und mein Damaskus-Erlebnis

Mein persönliches Kirchenbild hat sich durch die Wiener Diözesansynode (1969–1971) und durch einen theologischen Freund nachhaltig verändert. Ich selbst erlebte den Aufbruch durch die Diözesansynode von zwei Seiten: zunächst als Pfarrer von Laa an der Thaya und dann als Mitverantwortlicher in der Diözesanleitung. Das „Grüne Papier" über die Erneuerung der Liturgie und das „Rote Papier" über die Mitbestimmung und Mitverantwortung auf pfarrlicher und diözesaner Ebene wurden in allen Pfarrgemeinden, auch in den kleinsten, mit großer Anteilnahme diskutiert. Das war die Voraussetzung dafür, dass die Umsetzung der Synodenbeschlüsse dann erstaunlich rasch und vielfach reibungslos vor sich ging.

Was den Vorgang der Synode selbst anlangte, war ich zunächst noch vorsichtig und zurückhaltend. Das hatte mehrere Gründe. So wurde vom Synodensekretariat verlangt, dass die Delegierten für die Diözesansynode in den Pfarren während der Sonntagsmesse gewählt werden sollten. Ich lehnte das ab, weil mir ein so profaner Vorgang nicht in die Eucharistie passte, und plante die Wahl nach der Messe. Da bekam ich vom Generalsekretär Anton Fellner prompt zu hören: „Dann haben Sie ein falsches Eucharistieverständnis!" Auch am theologischen Grundtext, den Johannes Nedbal (mein Nachfolger im Sekretariat bei Kardinal König) vorgelegt hat, übte ich Kritik. Nicht so sehr am Inhalt als am Vorwort. In allzu kritischer Weise wurde gesagt, dass das in unserem Land in Katechese und Predigt verkündete Kirchenbild ganz und gar nicht jenem des Konzils entspräche und neu erarbeitet werden müsse. Der folgende Text war wirklich ganz im Sinn des Konzils, aber die provokanten Worte im Vorwort störten mich und ich befürchtete, dass das konservativ Denkende gegen die Synode aufbringen würde. Man hätte es differenzierter und einfühlsamer sagen können.

Mit den Vorbereitungsarbeiten für die Synode wurde schon 1965 begonnen und Kardinal König betraute damit Erzbischof Jachym. Die Entscheidung war sehr klug. König bezog damit Jachym nach Jahren doch wieder in das zentrale Geschehen der Diözese ein. Überdies meisterte Jachym die Vorbereitung und Leitung der Synode souverän und nahm damit König eine große Belastung ab. Am 1. November 1968 wurde Jachym zum Präsidenten der Wiener Diözesansynode ernannt. Ihm ist zu verdanken, dass trotz heftiger sachlicher und theologischer Diskussionen und mancherlei Parteiungen schlussendlich so viel mit großer Mehrheit beschlossen wurde. Durch die Synode hat sich die Kirche in der Erzdiözese Wien ganz wesentlich und im Geist des Konzils verändert. Schade, dass bis heute noch immer nicht alle Beschlüsse umgesetzt worden sind.

Im Februar 1969 wollte Kardinal König partout sein Regierungskabinett umbesetzen. Das verriet er in einem kleinen Kreis, bei dem ich auch anwesend war. Es gab damals zwei Generalvikare, Jakob Weinbacher und Karl Moser, und Lothar Kodeischka war Kanzler. Sie waren alle bei den Versammlungen der Synode anwesend, hatten aber daraus für ihr Wirken im Ordinariat keinerlei Konsequenzen gezogen. Dazu meinte der Kardinal verärgert: „Jetzt wechsle ich die alle aus, die gehen ja mit der Synode nicht mit." Wir mahnten König zu Geduld, er solle die personellen Veränderungen erst mit Ende des Arbeitsjahres vornehmen, wie es auch sonst üblich war. Am 1. September 1969 wurde dann Franz Jachym zum Generalvikar der Erzdiözese Wien ernannt. Jachym seinerseits soll gesagt haben, er würde diese Aufgabe nur dann übernehmen, wenn Krätzl Kanzleidirektor wird. „Der hat in Rom studiert und das Konzil miterlebt und er hat Erfahrung als Pfarrer", waren seine Begründungen. Kardinal König bestellte mich daher mit 1. September 1969 zum Ordinariatskanzler der Erzdiözese Wien. Jachym ließ mich in der Ordinariatskanzlei sehr selbständig arbeiten, was ich als Wertschätzung sah. Manchmal hätte ich mir allerdings noch einen tieferen persönlichen Meinungsaustausch erwartet. Meine Pfarre musste ich aufgeben. Hinfällig wurde auch, dass ich bei der Kandidatensuche für einen Bischofsvikar für das Vikariat Unter dem Manhartsberg an erster Stelle gestanden war. An meiner statt ist Franz Stubenvoll der erste Bischofsvikar des Nordens der Diözese geworden.

Meinen „Sprung vorwärts" machte ich bei der Diözesansynode mit einem Referat über die Mitbestimmung. Der heftig diskutierte Punkt war die Frage, welche Position künftig dem Pfarrer im Pfarrgemeinderat als kollegialem Leitungsorgan zukommen sollte. In der Diskussion prallten die Gegensätze aufeinander. Der Ethiker und Sozialwissenschafter Rudolf Weiler, der sich besonders mit dem Marxismus auseinandersetzte, gehörte zu den profilierten Exponenten der konservativen Richtung. „Diese ganze Gremialisierung der Kirche ist nichts anderes als Sozialismus", meinte er. Auf der anderen Seite stand als ein Sprachrohr der reformfreudigen Kräfte der stellvertretende Generalsekretär des Wirtschaftsbundes, Erhard Busek. Der spätere Vizekanzler und

Bundesparteiobmann der ÖVP forderte „eine Demokratisierung der Kirche auf allen Ebenen".

In diese Situation hinein musste ich ein Referat zu diesem Thema halten. Ich galt in dieser Phase noch als „sehr gemäßigt". Wohl deshalb war die Chance groß, dass auch traditionell denkende Delegierte sich von mir würden überzeugen lassen. So wurde mein einführender Impuls zur zweiten Session am 9. Mai 1970 richtungweisend für den weiteren Verlauf der Diözesansynode. Ich setzte mich vor allem mit dem umstrittenen Verhältnis von kollegialem Leitungsorgan und Pfarrer auseinander:

Die Wiener Diözesansynode hat in der Jännertagung 1969 mit überwältigender Mehrheit beschlossen, pastorale Gremien auf diözesaner Ebene, auf der Ebene des Vikariats, des Dekanats und der Pfarre zu errichten. Wir haben damit keine Pionierarbeit geleistet, sondern lediglich eine rechtliche Möglichkeit dafür geschaffen, dass die Laien einer ganz konkreten Aufgabe, die ihnen das II. Vatikanum gestellt hat, überhaupt nachkommen können: als getaufte und gefirmte Christen entsprechend für die Ausbreitung des Evangeliums verantwortlich und initiativ mitzuarbeiten (...) Weiters haben wir damals nur getan, was in vielen anderen Diözesen Deutschlands und auch in Österreich, etwa in Salzburg und St. Pölten, bereits konkrete Form angenommen hat. Dazu kommt, dass sich inzwischen in gar nicht wenigen Pfarren ganz spontan Pfarrgemeinderäte gebildet haben, die nach provisorischen Statuten bereits arbeiten.

Trotz dieser scheinbar geradlinigen Entwicklung gehört aber die Frage der pastoralen Gremien, wie man hört, zu den heißen Eisen. Fast

in allen Regionalkonferenzen soll diese Frage
Stoff zu hitzigen Debatten geboten haben und
dieser Streit findet sogar in der Presse seinen Niederschlag (...) War man sich grundsätzlich über den Inhalt der Pfarrgemeinderatsordnung im Klaren, so übte man heftige Kritik am
Wort „kollegiale Leitung" (...) Viele sehen
sich vor dem Dilemma, dass einerseits die echte Mitverantwortung der Laien gesichert werden
müsse, andererseits aber der Amtsträger nicht,
wie es oft ein wenig pointiert ausgedrückt
wurde, bloß zu einem Sekretär seines Rates de-
gradiert werden dürfe (...)

Haben die pastoralen Gremien also bloß eine
beratende oder auch eine beschließende Funktion? Bei bloß beratender Funktion könnte sich
kein Amtsträger auch nur irgendwie in seiner
Stellung beeinträchtigt fühlen. Aber, das muss
auch mit aller Deutlichkeit gesagt werden, dann
könnte man, so meine ich, auch nicht von einer
echten Mitverantwortung der Laien sprechen
(...) Eine echte Mitverantwortung und Mitbestimmung gibt es nur dann, wenn zumindest auf
bestimmten Gebieten der Beschluss des Pfarrgemeinderates endgültig ist. Sicher aber muss dem
Pfarrer, der wohl die letzte Verantwortung in
der Gemeinde hat, die Möglichkeit eines Ein-
spruches gegeben sein. Eine echte Mitverantwortung ist heute nicht bloß ein Gebot der neueren
Theologie, herkommend von der neuen Schau der
Kirche, sondern ist auch psychologisch unab-
dingbar, wenn das Pfarrgemeindeleben wirklich
verlebendigt werden soll (...)

In unserem Blauheft in der Vorbereitung für
die zweite Session heißt es fast ein wenig pro-
vokant: „Auf allen Ebenen ist der Rat das kollegiale Leitungsorgan." Gerade diese Formulie-

rung hat in den Regionalkonferenzen die große Diskussion hervorgerufen. Wie mir scheint geschah es deshalb, weil der Ausdruck „kollegiales Leitungsorgan" - aus dem Zusammenhang gerissen - leicht falsch verstanden werden kann. Was aber bedeutet „kollegiales Leitungsorgan", wenn wir den Kontext im Blauheft anschauen? (...) Ein echtes kollegiales Leitungsgremium im streng juristischen Sinn ist nicht damit gemeint. Vielmehr kann der Pfarrer durch das Einspruchsrecht, das er aufgrund unserer Gemeinderatsordnung hat, trotz Mehrheitsbeschluss jeden einzelnen Beschluss aufschieben, wenigstens so lange bis das Schiedsgericht endgültig darüber entschieden hat. Sein Vorsteheramt wird allein durch dieses Einspruchsrecht deutlich unterstrichen. Der Pfarrer hat also nicht, wie so oft gesagt wird, auch nur eine Stimme unter anderen (...)

Diese (und andere) Überlegungen zeigen, dass trotz des provozierenden Tones der Inhalt des Leitsatzes 1 „Auf allen Ebenen ist der Rat das kollegiale Leitungsorgan" aus dem Kontext heraus und aus der Stellung des Pfarrers an sich eine ganz andere Deutung bekommt und trotz der scharfen Formulierung der Satz eigentlich anders verstanden werden müsste. Etwa so, wie die Studientagung des Österreichischen Pastoralinstituts 1969 die Leitungsfunktion des Pfarrgemeinderates umschrieben hat: „Der Pfarrer übt in kollegialer Zusammenarbeit mit den von der Pfarrgemeinde gewählten und berufenen Gemeindemitgliedern die Leitung seiner Gemeinde aus." Und das klingt schon viel versöhnlicher (...)

Das Wort „kollegiales Leitungsgremium" soll also nicht gepresst werden und könnte vielleicht zunächst überhaupt außerhalb der Debatte stehen. Es geht uns ja darum, was in den Pfarren wirklich geschieht. Für die Erstellung der Pfarrgemeinderatsordnung sollte daher gelten, dass eine echte Mitsprache, ein echtes Mitbestimmungsrecht dadurch gesichert wird, dass ohne Abgrenzung der Kompetenzen grundsätzlich für alle Fragen der Gemeindeleitung der Pfarrgemeinderat zuständig ist und mehrheitlich endgültige Beschlüsse fassen kann. Dem Pfarrer bleibt aber das Recht eines begründeten Einspruchs, der den Beschluss aufschieben würde, bis von einem noch zu errichtenden Schiedsgericht der endgültige Entscheid gefällt wird. Aber während dieser Zeit müsste dem Pfarrer als Vertreter des Bischofs auch der direkte Weg zum Bischof offenstehen.

Am Ende meiner hier in Auszügen dokumentierten Rede war klar, dass die Synode sich für die „Räte" aussprechen würde, von den Pfarrgemeinderäten über den Diözesanrat bis zum Priesterrat. Von Synodenpräsident Jachym erntete ich aber für meine Rede nur einen ernüchternden Kommentar. Mir gegenüber meinte er nur kurz angebunden: „Na ja, nach dieser Rede wird der Gruber Xaverl (gemeint war der als kritisch konservativ bekannte Wiener Pfarrer Franz Xaver Gruber) sicher in Pension gehen." Anstatt ein Wort des Dankes, auf das ich gehofft hatte, nur eine hingeworfene Feststellung über mögliche negative Konsequenzen. Die Genugtuung kam erst viel später. Erstens blieb Gruber noch mehr als 15 Jahre (bis 1987) im Amt, und zweitens heißt es im offiziellen Lebenslauf der Erzdiözese Wien zu meiner Person: „Bei der Wiener Diözesansynode 1969/1971 ebnete Dr. Krätzl mit seinem Referat über die pastoralen Gremien den Weg für eine Verständigung zwischen jenen Synodalen, die eine totale Gremialisierung der Kirche befürchteten, und den Anhängern einer Demokratisierung auf allen Ebenen."

In eben diese Zeit fiel auch ein für mich wichtiges theologisch-pastorales „Damaskus-Erlebnis". Ich war oft mit dem Dogmatikprofessor Josef Weismayer zusammen und habe durch ihn neue theologische Denkweisen kennengelernt. Eines Abends saßen wir wieder in unserem Stammlokal am Stephansplatz. Es ging den ganzen Abend um die Frage, ob und wann Geschiedene, die wieder geheiratet haben, zu den Sakramenten gehen dürfen. Ich vertrat etwas stur den kirchenrechtlichen Standpunkt. Solange die erste Ehe aufrecht ist, also nicht annulliert wurde, ist das nicht möglich. Weismayer argumentierte viel differenzierter dogmatisch und vor allem pastoral und sah durchaus Ausnahmemöglichkeiten. Ich ließ nicht locker und begleitete ihn noch zu seiner Wohnung in der Ungargasse. Auf diesem Weg mahnte er mich nochmals, doch „weiter" zu denken, und plötzlich blitzte mir der Gedanke auf, dem Problem tiefer auf den Grund zu gehen. Ich suchte in den nächsten Tagen andere probate Autoren und fand die Denkweise von Weismayer auch in Publikationen von Joseph Ratzinger, Karl Lehmann und Walter Kasper bestätigt. Das überzeugte mich vollends und seither fühle ich mich sogar verpflichtet, neue pastorale Lösungen für die Betroffenen zu finden und zu verteidigen. Vieles habe ich bis heute dazu selbst publiziert, was mir von manchen Seiten auch Vorwürfe eingebracht hat. Aber ich bin überzeugt, die Kirche muss auch ganz offiziell die Rechtslage ändern, damit sie den Betroffenen das Bild eines Gottes vermittelt, der nicht straft, sondern barmherzig ist und Gelegenheit zu neuen Anfängen gibt.

II. Mein Weg als Kanzler und Weihbischof

Die gesellschaftspolitische Verantwortung der Kirche
Oder: Mit dem Kardinal gegen die Fristenregelung demonstriert

Kaum war ich 1969 Ordinariatskanzler geworden, erlebte ich die heftigste gesellschaftspolitische Auseinandersetzung der 1970er-Jahre, den Konflikt um die gesetzliche Regelung der Abtreibung. Ich lernte dabei Mehrfaches. Einmal, welche Mitverantwortung die Kirche für gesellschaftspolitische Entwicklungen trägt, zum anderen aber auch, wie wankelmütig die österreichische, nach außen „katholische" Seele ist.

Das rigorose Verbot einer Abtreibung, wie sie § 144 im Strafgesetzbuch von 1945 auswies, drängte in der nun säkular und plural gewordenen Gesellschaft nach einer Liberalisierung. Justizminister Hans Klecatsky entwarf in den 1960er-Jahren eine sogenannte „kleine Strafrechtsreform". Dabei schlug er die Abtreibung betreffend eine sehr strenge Indikationenlösung vor. Eine solche ist immer noch das geringere Übel im Vergleich mit einer Fristenregelung. Bischof Stephan László aus Eisenstadt aber rügte ihn. Als katholischer Politiker dürfe er eine solche Lösung nicht vorschlagen. Diese bischöfliche Intervention war im Justizministerium bekannt, wie mir noch viel später hochrangige Mitarbeiter erzählten. So blieb eine doch notwendige Liberalisierung zunächst aus.

Veränderte Gesetze in den Nachbarländern, vor allem aber starke Kräfte im Inland drängten jedoch immer stärker nach einer Veränderung der Rechtslage.

Auf einem Parteitag der SPÖ in Villach verlangten die Frauenvertreterinnen zunächst eine völlige Straffreiheit für die Abtreibung, einigten sich aber dann auf eine Fristenregelung. Am 29. November 1973 wurde diese mit den Stimmen der SPÖ mit der knappen Mehrheit von 93 zu 88 Stimmen im Nationalrat angenommen. Bundeskanzler Bruno Kreisky hat das der Kirche gegenüber zwar bedauert, aber die politische Willensbildung in seiner Partei gab die Marschroute vor. Kreisky befürchtete sogar, dadurch Stimmen zu verlieren. Ganz im Gegenteil aber gewann er bei der nächsten Wahl wieder die absolute Mehrheit. Offensichtlich waren viele Österreicher, besonders die katholischen, gegen die Abtreibung an sich, sahen aber eine „Gesetzeslücke" für den „Notfall" – durchaus auch in der eigenen Familie – als komfortabel an.

Den später immer wieder geäußerten Vorwurf, Kardinal König habe auf diesen Vorstoß der SPÖ halbherzig reagiert, muss ich energisch zurückweisen. Der Kardinal marschierte 1973 bei der großen Demonstration gegen die Fristenregelung in der ersten Reihe und hat das 1975 durchgeführte Volksbegehren „Zum Schutz des menschlichen Lebens" tatkräftig unterstützt. Außer Österreich ist mir in Europa kein Land bekannt, in dem die Bischöfe gegen die Liberalisierung der Abtreibung auf die Straße gegangen sind. Darüber hinaus hat Kardinal König die kirchliche Kritik an der Fristenregelung 1974 in seiner programmatischen Rede in der Wiener Stadthalle in Anwesenheit von Bundeskanzler Kreisky noch einmal sehr deutlich angesprochen. Zu bedauern ist, dass die Bischöfe unter der vorausgegangenen ÖVP-Regierung eine ohnehin sehr strenge Indikationenlösung verhindert hatten. Das wäre ein minus malum, ein kleineres Übel, gegenüber der später eingeführten Fristenregelung gewesen, die bei einer beabsichtigten Abtreibung in den ersten drei Monaten einer Schwangerschaft nicht einmal nach einem Grund fragt.

Ich lernte, dass Bischöfe sehr wohl die Lehre der Kirche vertreten müssen, aber dass sie katholischen Politikern auch Freiraum für deren Gewissensentscheid zu geben haben. Andererseits lernte ich auch etwas von der österreichischen Mentalität kennen: Wir sind gegen die Abtreibung, selbstverständlich, aber man kann nie wissen, ob nicht im eigenen Familienkreis eine Situation eintreten könnte, in der diese liberale Regelung nützlich wäre. Im gesellschaftspolitischen Verhältnis von Kirche und Staat bleiben zwei Wunden offen: Zum einen, dass das Volksbegehren gegen die Fristenregelung – es war mit knapp einer Million Unterschriften eines der größten in Österreich – von der SPÖ-Mehrheit im Parlament kaltschnäuzig abgewimmelt wurde. Zum anderen – und das ist noch die größere Wunde –, dass die versprochenen flankierenden Maßnahmen bis heute nicht realisiert worden sind.

Dass in dieser strittigen Frage mehr Konsens möglich gewesen wäre, zeigt die Lösung in der Bundesrepublik Deutschland. Dort gibt es nicht zuletzt auf Verlangen der Kirche eine verpflichtende Beratung vor einer Abtreibung. Dieses Beratungsgespräch soll eine Kurzschlusshandlung der betroffenen Frau hintanhalten und allfällige soziale und persönliche Ressourcen aufzeigen, die es der Schwangeren ermöglichen, ihr Kind doch auszutragen.

Der „rote" Kardinal
Oder: Die umstrittene Grenzziehung zur ÖVP

Im Frühjahr 1977 teilte mir Kardinal König, als wir vom gemeinsamen Mittagessen aufgestanden waren, im wahrsten Sinn des Wortes „zwischen Tür und Angel" mit: „Ich habe Sie und Florian Kuntner jetzt als Weihbischöfe in Rom eingereicht." Kuntner war damals Bischofsvikar für das Vikariat Unter dem Wienerwald. Ich entgegnete: „Nur Kuntner? Warum nicht auch die beiden anderen Bischofsvikare von Wien Stadt und im Norden?" „Ich habe Kuntner ad personam vorgeschlagen, nicht wegen seiner Stellung als Vikar", erklärte mir König.

Am 15. September 1977 – liturgisch am „Gedächtnis der Schmerzen Mariens" – wurde ich in die Nuntiatur gebeten. Der Nuntius selbst war nicht im Lande, daher empfing mich sein Vertreter Donato Squicciarini, der Jahre später selber Nuntius in Wien wurde. Geheimnisvoll vertraute er mir an, dass mich der Papst zum Weihbischof ernennen wolle, und fragte, ob ich zustimmte, was ich auch mit einiger Beklemmung tat. Diese Begegnung mit Squicciarini hatte eine zusätzliche Bedeutung. Sie schaffte eine gewisse persönliche Ebene und Vertrautheit. Als er dann Nuntius war und ich öfter wegen kecker Äußerungen in die Nuntiatur „eingeladen" wurde, war das Gesprächsklima nicht nur amtlich. Am 30. September 1977 ernannte mich dann Papst Paul VI. zum Titularbischof von Heraclea Pontica und zum Weihbischof für die Erzdiözese Wien. Gemeinsam mit Florian Kuntner empfing ich am 20. November 1977 von Kardinal König im Stephansdom die Bischofsweihe. Es gab viel Jubel im Dom und der spontane Applaus gab uns Kraft für ein so schweres Amt. Bei späteren Bischofsweihen im Dom war die Stimmung leider doch ganz anders.

Nach dieser Weihe hat sich für mich vorerst nicht viel verändert. Ich bin Kanzler geblieben und sollte neben der Leitung der Ordinariatskanzlei zusätzlich vor allem Visitationen übernehmen. Dazu kamen verschiedene Aufgaben innerhalb der Bischofskonferenz. Mit einem Kontaktkomitee der Katholischen Aktion Österreichs nahm ich auch Verbindung zu den im Parlament vertretenen Parteien auf. Auch innerhalb der Diözese hatte ich verschiedene Kontakte zu führenden Persönlichkeiten der politischen Parteien. König hat mich und Erzbischof Jachym immer zu den informellen Gesprächen beigezogen, die es mit der ÖVP gegeben hat.

Die Kontakte zur SPÖ, beginnend mit Franz Olah und später vor allem mit Karl Blecha, hat der Kardinal meist persönlich gepflegt. Ein maßgeblicher Berater und Vertrauter des Kardinals in partei- und gesellschaftspolitischen Fragen war Richard Barta, der Chefredakteur der Kathpress. In diesem Umfeld dürfte die historische Rede von Franz König vor dem Österreichischen Gewerkschaftsbund am 27. Februar 1973 entstanden sein, mit der es dem Kardinal gelungen ist, die Kluft zwischen der katholischen Kirche und der Arbeiterschaft zu überwinden oder zumindest den Prozess dazu einzuleiten. König hatte auch ein persönliches Nahverhältnis zu Bruno Kreisky, was ihm den Namen „Roter Kardinal" eingetragen hat. Wäre Franz Jachym Erzbischof von Wien geworden, hätten die Beziehungen wohl anders ausgesehen.

In der ÖVP wurde das Verhältnis von Kardinal König zur SPÖ mit Argusaugen verfolgt. So gab es in ÖVP-Zeitungen im Jänner 1979 eine heftige Debatte über die Aussage von König, dass sich im kommenden Wahlkampf niemand „auf die Kirche berufen" könne. Die Pressestelle der Diözese Klagenfurt gab dazu eine Stellungnahme ab, die den Kern der Auseinandersetzung deutlich machte: „Es soll nicht in Abrede gestellt werden, dass die ÖVP den Grundsätzen der Kirche in zahlreichen gesellschaftlichen Anliegen (wie in der Frage der Abtreibung und Familiengesetzgebung) eindeutig näher steht als andere Parteien. Das wurde und wird auch von Kardinal König ausdrücklich anerkannt. Auch hat Kardinal König wiederholt mit dem Missverständnis aufgeräumt, die Kirche versuche grundsätzlich einen gleich weiten Abstand zu allen Parteien, eine Äquidistanz einzuhalten. Der Ausdruck Äquidistanz wurde immer wieder König zugeschrieben, stammt aber nicht von ihm, sondern von einem Journalisten. Vielmehr bestimmen – wie der Österreichische Synodale Vorgang bereits Anfang der Siebzigerjahre festhielt – die Parteien selbst durch ihre Leitlinien und ihre politische Praxis ihre größere Nähe oder Ferne zur Kirche und ihrer Soziallehre. Daraus kann jedoch kein Anspruch welcher Seite immer abgeleitet werden, ‚die Kirche' zu vertreten und im Wahlkampf die Kirche exklusiv für eine Partei zu beanspruchen. Es ist Aufgabe der Kirche, sich gegen Vereinnahmungen, wo immer sie stattfinden – auch nur in Teilen – entsprechend zur Wehr zu setzen."

Ich selbst bin in eine Kontroverse geraten, als ich am 24. Februar 1978 bei einem Treffen der Katholischen Aktion mit der Spitze der ÖVP im Bildungshaus St. Gabriel einen Vortrag hielt zum Thema „Kirche und ÖVP – ein gestörtes Verhältnis?" Unter anderem sagte ich Folgendes:

Das Unbehagen, das in manchen Kreisen der ÖVP gegenüber der Kirche entstanden ist, hat vielerlei Gründe. Zunächst hat der Dialog der Kirche mit anderen Parteien bei manchen den Eindruck erweckt, die gewohnten Gesprächspartner seien nun im Stich gelassen worden. Dazu kam, dass der persönliche Kontakt zu Funktionären in der ÖVP, die unmittelbar aus kirchlichen Kreisen kamen, eindeutig vernachlässigt wurde. Schuld daran war sicher Zeitmangel, Organisationsmangel, aber bisweilen auch die Angst, zu bevormunden oder bevormundet zu werden.

Darüber hinaus hat es ein bedauerliches Informationsdefizit über Vorgänge in der Kirche, besonders in den Jahren nach dem Konzil, gegeben (...) Man hat im Trubel der Zeit das geänderte Kirchenbild nicht mitvollzogen. Das beweisen so manche Aussagen katholischer Akademiker, die seinerzeit ihre Theologie gut gelernt haben, aber später scheinbar keine Zeit mehr fanden, sich theologisch weiterzubilden. Dies zeigen aber noch deutlicher Publikationen, die von der ÖVP selbst herausgebracht werden, namentlich von Andreas Khol und Hans Czuma. (...) In diesen Artikeln wird eindeutig mit einem falschen Kirchenbild operiert und die kirchliche Soziallehre unsachgemäß interpretiert. Sicher kann man der Kirche vorwerfen, sie hätte ihr neues Kirchenbild zu wenig nachdrücklich und eindeutig dargestellt. Aber auch die ÖVP hätte unschwer mehr Anstrengungen machen können, um gerade in ihren Bildungsveranstaltungen diesem so wichtigen Anliegen mehr Rechnung zu tragen.

Ein ganz bedeutsamer Grund zu Meinungsverschiedenheiten zwischen Kirche und ÖVP kann die Weiterentwicklung der christlichen Soziallehre sein (...) Dieses Dilemma wird nur zu lösen sein durch grundsätzliche Auseinandersetzungen mit der christlichen Soziallehre, aber auch durch konsequente Anwendung derselben auf ganz konkrete wirtschaftliche und soziale Fragen.

Weiters wird der Kirche oft vorgeworfen, dass sie die ÖVP gerade in ihrer Diskussion um Grundwerte zu wenig unterstützt habe. Der Vorwurf mag schließlich auch daher kommen, dass man die Stimme der Kirche in der Öffentlichkeit weit überschätzt. 1977 haben die österreichischen Bischöfe in ihrem Fünfjahresbericht nach Rom geschrieben: ‚Die Zeit geht zu Ende, da kirchliche Aussagen für die Öffentlichkeit schlechterdings autoritativ waren, da die Kirche von vornherein als die Stimme des Gewissens der Gesellschaft galt.' (...)

Ein letzter Grund für so manche Verstimmung zwischen Kirche und ÖVP scheint die Wahlniederlage 1970 zu sein. Selbstverständlich wurden damals Schuldige für den Verlust der Stim-

menmehrheit gesucht. Und auch der Kirche wurde
ein Teil der Schuld aufgeladen, obwohl konkret
nie gesagt werden konnte, wo sie gelegen sei
und wer sie verursacht hatte.

Das Verhältnis zwischen Kirche und ÖVP wird
umso klarer, je besser es beiden gelingt, sich
selbst darzustellen. Wer die Entwicklung der
ÖPV in den vergangenen dreißig Jahren verfolgt
hat, möchte bisweilen noch deutlichere Antwort
auf folgende Fragen erhalten:

- In welchem Sinn hat sich die ÖVP nach 1945
  von der seinerzeitigen Christlich-Sozialen
  Partei bewusst abgesetzt und in welchem Sinn
  trägt sie deren Tradition heute noch weiter?
- Die ÖVP nennt sich bewusst nicht mehr eine
  christliche Partei, bekennt sich aber doch
  deutlich zum christlichen Gedankengut. Sind
  christliche Grundsätze nun nur eine Tragmau-
  er des Programms der ÖVP oder noch immer ihr
  eigentliches Fundament?
- Eine Partei, die sich nur auf aktive christliche Stammwähler verlässt, wird derzeit
  keine Chance für eine parlamentarische Mehrheit haben. Daher ist es verständlich, dass
  auch eine Partei, die ihr Programm auf
  christliches Gedankengut aufbaut, offen für
  Andersdenkende sein muss. Vertritt aber nun
  die ÖVP aus diesem Grund gleichsam eine Äquidistanz zu christlichen und zu liberalen Positionen?
- Wie wird es mit der von der ÖVP groß angekündigten Ideologiedebatte (Grundwertediskussion) weitergehen? Warum hat sie nicht
  weiteren Anklang gefunden? Weil man sich
  über die Grundwerte nicht einig ist, oder
  weil man für die Diskussion nicht genügend

vorbereitet war, oder weil einfach eine Diskussion über Grundwerte heute nicht wahl-
wirksam ist?
Das Verhältnis zwischen ÖVP und Kirche erscheint am ehesten dort gestört, wo gemeinsame
Fragen zu wenig gemeinsam behandelt wurden
(...) und wo man ‚Schützenhilfe' über das hinaus erwartet, was auf Grund der Zielsetzung
jedes Einzelnen möglich ist (...) Besondere
Anerkennung verdienen jedenfalls all jene Frau-
en und Männer in der ÖVP, die sich ohne Rücksicht auf Opportunität für Grundwerte des Menschen einsetzen (...) Die Kirche hat sich aus
der Parteipolitik zurückgezogen, und das haben
alle Mitglieder der Kirche, aber auch die Parteien begrüßt. Sie weiß sich aber immer all jenen verbunden, denen es um den Menschen und
seine Geschicke geht.

Bei der Tagung sollte dann Josef Taus als Parteiobmann die Haltung der ÖVP zur Kirche präzisieren. Er war aber schlecht vorbereitet und las aus einem sichtlich schon vergilbten Manuskript nur
Allgemeines vor. Im Publikum aber war Andreas Khol, der den
„Fehdehandschuh" sofort aufgenommen hat.

Trotz der Kritik von Khol gleich im Anschluss an meinen Vortrag publizierten die Österreichischen Monatshefte, die Führungs-
zeitschrift der ÖVP, meine Ausführungen in Nr. 4 von 1978. Ich
warnte den Chefredakteur noch, dass er sich damit wohl Kritik
einhandeln werde. Er tat es aber doch. Die Sache spitzte sich dann
im Jahr darauf zu. Vor der nächsten Nationalratswahl gab P. Herwig Büchele SJ von der Katholischen Sozialakademie eine Klein-
schrift heraus, in der das Verhältnis der wahlwerbenden Parteien
zur Kirche beschrieben wurde. Unter anderen druckte er auch

meinen Vortrag ab, mit Quellenangabe aus den ÖVP-Monatsheften. Offenbar hatten diese auch maßgebliche Leute der ÖVP nicht gelesen, da mir nun der massive Vorwurf gemacht wurde, ich würde gerade jetzt vor einer Wahl das Verhältnis der ÖVP zur Kirche negativ darstellen.

In der ÖVP machte sich eine nachhaltige Enttäuschung breit. ÖVP-Klubobmann Alois Mock wollte in moderater Weise ausgleichen. Er sagte: „Ich würde entschieden dem Vorwurf entgegentreten, die ÖVP operiere mit einem falschen Kirchenbild, obwohl ich mir wünschen würde, dass sich die Partei noch mehr mit der katholischen Soziallehre und der evangelischen Sozialethik beschäftigt" („Die Presse" vom 22. Jänner 1979). Aber Mock gab auch zu, die ÖVP habe zwar das Zweite Vatikanum nicht in allen seinen Grundsätzen rezipiert, aber diese Lehren seien auch von führenden Persönlichkeiten der Kirche weder in der Theologie noch im persönlichen Selbstverständnis durchwegs vollzogen worden. Zum Vorwurf aus den eigenen Reihen, dass die Kirche die ÖVP in der Grundwertediskussion zu wenig unterstütze, sagte Mock. „Es geht weder mir noch der ÖVP um eine Unterstützung durch die Kirche, wir müssen unsere Position aus Eigenem vertreten." Mock vertrat damit eine vergleichsweise konziliante Linie, die konservativ christliche Kreise in der ÖVP nicht teilten. In einer Zeit der Mitverantwortung der Laien in der Kirche müsse es aber möglich sein, dass die Aussage von Kardinal König, keine Partei könne sich im Wahlkampf auf die Kirche berufen, kritisiert werde.

Im Jahrbuch der ÖVP 1984 setzte sich dann Andreas Khol in einer „kritischen Würdigung" des Katholikentages und des Papstbesuches von 1983 mit dem Verhältnis der Kirche zu SPÖ und ÖVP auseinander. Er brachte dabei das Unbehagen weiter Kreise in der ÖVP an der Kirche auf den Punkt:

Das Verhältnis zur Sozialistischen Partei Österreichs und ihren Funktionären stand Jahrzehnte im Mittelpunkt des Interesses der zentralen kirchlichen Stellen. Wenn man das Gleichnis vom verlorenen Sohn heranzieht, so sind in der zu Ende gehenden Epoche die Sozialisten von der Hierarchie wie der verlorene Sohn behandelt worden. Die Frage, aus welchen Motiven diese Haltungsänderung der Bischofskonferenz von führenden Funktionären der SPÖ trotz unveränderter Programmatik und unveränderter persönlicher Einstellungen so bereitwillig aufgenommen wurde, kann nicht schlüssig beantwortet werden.

Das Interesse der Hierarchie und des Klerus ist aber klar: Pastorale Argumente stehen im Vordergrund; wer nur die materielle Besserstellung und die großzügige Behandlung durch den Staat unter der sozialistischen Regierung hier als Motiv betont, begeht sicher eine böswillige Unterstellung. Die gesellschaftspolitische Orientierung mancher kirchlicher Einrichtungen machte es im Übrigen leicht, zu einer Ergebnisgemeinschaft zu kommen. Was bedeutet das? Man kann zu einer konkreten politischen Maßnahme aus gänzlich unterschiedlichen Motiven gelangen. Sie können christlicher oder marxistischer Inspiration sein, das Ergebnis kann identisch sein, ohne dass dadurch etwas über die Motive ausgesagt würde.

Das Interesse der SPÖ wiederum war sicherlich nicht durch eine neue Einstellung im Grundsätzlichen geprägt, sondern von den Gesetzen der Stimmenmaximierung zum Gewinnen der Wahlen. Wenn aber pastorale Argumente bei der Kirche im Vordergrund standen, das heißt also die getauften Christen in der SPÖ zu praktizierenden und bekennenden und aktiven Christen zu machen, so ist ein Fortschritt hier sicherlich kaum erzielt worden. Wenn zum Beispiel bei Friedenskundgebungen katholische Organisationen Arm in Arm mit den Sozialisten und den Kommunisten aufziehen, so wird dadurch kein Kommunist und kein Sozialist zum praktizierenden Katholiken, sondern nur eine Weggemeinschaft besonderer Art deutlich. Um im Gleichnis zu bleiben: der Sohn ist nicht wirklich zurückgekehrt.

Die Volkspartei wiederum war der Sohn, der zu Hause geblieben war, der stets brav gearbeitet hatte und der anlässlich des Freudenfestes für den verlorenen Sohn das Holz holen durfte. Viele Exponenten der Volkspartei verstanden den Pluralismus nicht, sehen ihn aber auch nicht in der Realität der Kirche bzw. der praktizierenden Katholiken. Im Gegenteil: Wenn es um die Arbeit in den Pfarren, in den Verbänden, im Apostolat ging, so trafen sie immer nur die gleichen ÖVP-Wähler an, die sich klare Aussagen auf dem Gebiet des Schutzes des menschlichen Lebens erwarteten und eine eindeutigere Haltung jenen gegenüber, die traditionelle christliche Werte vertraten bzw. eben diese christlichen Werte nicht vertraten und auch nicht lebten. Die Gleichbehandlung, die Neutralität gegenüber allen Gruppen, wurde ebenso wenig verstanden wie die Gleichbehandlung der Funktionäre aller Parteien.

Personen, die diese Argumente und einfachen Kriterien hervorgehoben haben, ernteten sehr oft gerade in den Eliten der Kirche viel Hohn, wurden auch als Pharisäer bezeichnet oder zumindest als ewig Gestrige, die den Aufbruch in die neue Zeit verschlafen haben.

Als 2-Jähriger auf dem Arm des Großvaters Hugo Krätzl

1937, 1. Volksschulklasse bei den Piaristen mit Lehrer P. Josef Haumer SP
Vorderste Reihe: Erster von links Helmut Krätzl, Vierter von links Otto Maar

Mit Otto Maar (rechts) und dem Jugendkaplan P. Johannes Eß SVD, der uns
beide prägte

A 2

Priesterweihejahrgang 1954
Vorderste Reihe, Zweiter von rechts Helmut Krätzl

Erster Kaplansposten in Baden/St. Stephan.
Erstkommunionsfeier 1955

1956, als Zeremoniär von Erzbischof Franz König bei der Glockenweihe in der Pfarre Allerheiligen, Wien 20

A 4

1958, bei der Kardinalskreierung in Rom. In der Mitte Kardinal Franz
König, links Kardinal Julius Döpfner, damals Bischof in Berlin, mit seinem
Sekretär Benno Fahlbusch; Helmut Krätzl vorne rechts

13. Februar 1960, Autounfall auf der Fahrt nach Zagreb zum Begräbnis von
Erzbischof Alojzije Stepinac

Rechte Seite:
Spitalsaufenthalt nach dem Unfall im Allgemeinen Krankenhaus in Wien

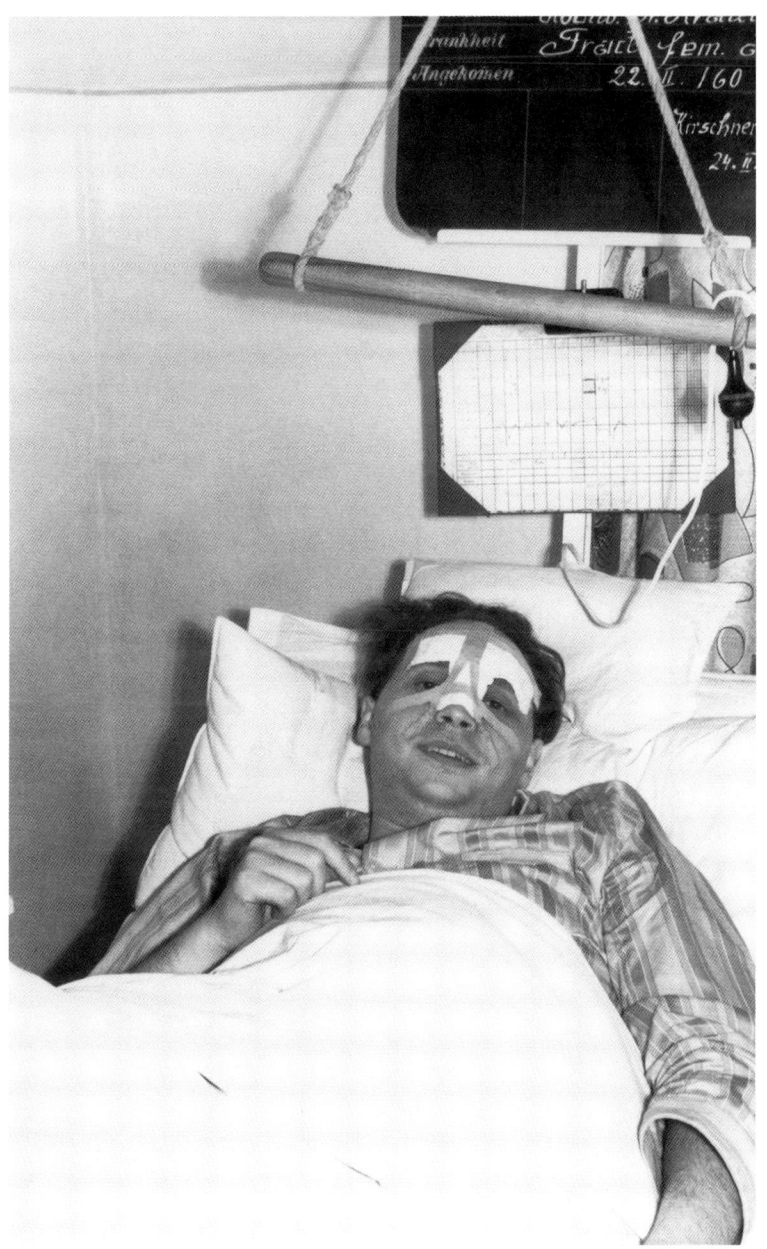

A 7

1961, Privataudienz bei Papst Johannes XXIII. mit Kardinal König in Begleitung zweier Germaniker, links Hugo Unterberger, rechts Franz Reidlinger

1962, II. Vatikanisches Konzil. Im Vordergrund die Präsidenten des Konzils,
im Hintergrund links die Konzilsstenografen

Referat bei der Wiener Diözesansynode (1969–1971)

Johannes Nedbal, mein Nachfolger als Sekretär bei Kardinal König und
Verfasser des Grundtextes der Wiener Diözesansynode

A 9

20. Nov. 1977, Bischofsweihe im Dom zu St. Stephan in Wien

Oben: Kardinal König überreicht den Bischofsstab. Neben ihm ein
Mitkonsekrator, Bischof Reinhard Lettmann aus Münster

Rechte Seite, oben: Links außen Bischof Florian Kuntner; rechts außen
Bischof Reinhard Lettmann

Rechte Seite, unten: Friedensgruß an Bischof Stephan László, Bischof von
Eisenstadt. In der Bildmitte Erzbischof Franz Jachym

A 10

1985, Treffen mit der Jugend des Dekanates Hadersdorf/Kamp anlässlich der Visitation

Pfarrvisitation im Dekanat Hadersdorf/Kamp

Papstbesuch 1983
Oder: Forsche Geister und das Schweigen des Papstes

Bald nach dem Attentat vom August 1981 auf dem Petersplatz in Rom meldete Papst Johannes Paul II. sein Interesse an einer Österreich-Visite an. Bei einem Mittagessen sagte Kardinal König so nebenbei, wie es seine Art war, zu mir: „Herr Weihbischof, ich würde Sie bitten, die Vorbereitung für den Papstbesuch zu übernehmen. Das können Sie mit ein paar Telefonaten erledigen." Vielleicht wollte er mir dadurch die Angst vor einer so gewaltigen Aufgabe nehmen. Ich war allerdings Realist genug, um sie einigermaßen einschätzen zu können. Mir wurde bei meiner Arbeit der damalige Nuntiatursekretär, der Pole Jan Bielaszewski, eine große Hilfe. Er war früher Sekretär von Erzbischof Eduardo Martínez Somalo in Brasilien, der nun als Substitut im Staatssekretariat eine entscheidende Rolle für den Papstbesuch spielte. Der Nuntius selbst, Erzbischof Mario Cagna, war schon kränklich und zeigte erstaunlich wenig Interesse an der Vorbereitung. Das machte uns aber die Arbeit sogar leichter.

Der Papstbesuch 1983 in Österreich war ein Höhepunkt des kirchlichen Lebens, der rückblickend betrachtet zugleich einen Wendepunkt markiert. Bis 1983 hatten die Reformkräfte, die die kirchliche Erneuerung im Sinne des Zweiten Vatikanischen Konzils vorantreiben wollten, die Oberhand. Die Katholische Aktion Österreichs (KAÖ) hat sich in der Vorbereitung des Papstbesuches kräftig zu Wort gemeldet. Man wollte nicht, dass der Papstbesuch in erster Linie ein Massenevent wird, eine „Papstshow", sondern ein spirituelles Ereignis. Um dies zu erreichen, wurde unter dem Motto „Hoffnung leben – Hoffnung geben" ein gesamtösterreichischer Katholikentag ausgerufen. Zunächst sollten ein Jahr lang Versammlungen in allen Diözesen zu bestimmten Themen stattfinden. Als Höhepunkt war dann eine Begegnung in Wien geplant,

„zu der wir den Papst einladen". Für viele Katholiken spielt sich ihr kirchliches Leben ja hauptsächlich vor Ort ab, in den Pfarren und in der eigenen Diözese. Wir wollten die vom Konzil geprägte „Kirche in Österreich" in Wien zusammenführen – in der Präsenz des Papstes, der ja seinem Amt nach Zeichen und Werkzeug der jeweils größeren Einheit ist.

Aus den paar Telefonaten, von denen König gesprochen hatte, wurde viel organisatorische, koordinierende und diplomatisch abwägende Arbeit. Es ging nicht nur um die ohnehin komplizierte Vorbereitung der einzelnen Stationen des Papstbesuches und die umfangreiche vorbereitende Zuarbeit für die verschiedenen Papstansprachen, sondern es galt auch, die Eigendynamik des geplanten Katholikentages zu „moderieren" und mit dem Papstbesuch in Einklang zu bringen. Denn bei den Versammlungen in den einzelnen Diözesen wurde bald klar, dass die Katholische Aktion auch die sogenannten heißen Eisen zur Sprache bringen wollte. Die Diözese Linz z. B. hatte das Thema „Die Frau in Kirche und Gesellschaft" gewählt. Das Grundsatzreferat hielt Universitätsprofessorin Herlinde Pissarek-Hudelist aus Innsbruck. Im Jahr darauf, 1984, wurde sie die erste weibliche „Ordinaria" im neu gegründeten Institut für Katechetik und Religionspädagogik und 1989 sogar Dekanin der Theologischen Fakultät der Universität Innsbruck. Der Titel ihres Referates war „Frauen – Hoffnung der Kirche? – Kirche – Hoffnung für Frauen?" In anderen Diözesen kamen auch Fragen der Empfängnisregelung und der Umgang mit wiederverheirateten Geschiedenen aufs Tapet. Schon 1982 haben daraufhin konservative katholische Kreise Österreichs in Rom Alarm geschlagen.

Ich musste in dieser angespannten Situation direkt mit dem Staatssekretariat im Vatikan verhandeln. Dabei war uns der Leiter der deutschen Sektion und spätere Nuntius in Deutschland, Mons. Erwin Josef Ender, sehr hilfreich. Allerdings hatte offenbar auch der Papst selbst Beschwerden über Diskussionen in Österreich erhalten. Denn Ender teilte mir mit, dass bei den Koordinierungsgesprächen im Staatssekretariat auch der deutsche Kurienbischof Paul Cordes dabei sein würde. Ich war darüber sehr verärgert, weil der Papst uns damit de facto einen direkt von ihm beauftragten Aufpasser vor die Nase gesetzt hatte, ohne uns davon zu verständigen. Cordes forderte „mehr geistliche Akzente" im Programm des Papstbesuches ein und schlug eigene Themen für die Papstansprachen vor. Unter anderen meinte er, der Papst müsse auch etwas zur Lehre von Sigmund Freud sagen. Wir waren überrascht!

Als aber der päpstliche Reisemarschall P. Roberto Tucci SJ nach Wien kam, war er voll des Lobes über die Vorbereitungen. Er teilte dies offenbar dem Papst mit, und ab diesem Zeitpunkt war Bischof Cordes wieder aus den Vorbereitungsgesprächen draußen. Die erfahrene und renommierte Kirchen-Berichterstatterin der Tageszeitung „Die Presse", Pia Maria Plechl, setzte sich dafür ein, dass ich Cordes trotzdem „gleichsam zum Trost" zum Papstbesuch in Wien einladen sollte. Ich habe das aber auf Grund der vorausgegangenen Irritationen abgelehnt. Cordes ist dann auch im offiziellen Gefolge (seguito) des Papstes nicht aufgeschienen.

So wie hier stand ich in allen heiklen Fragen mittendrin und musste jeweils versuchen, den Intentionen der einen und der anderen Seite die Spitzen zu nehmen. So hat die Bundesführerin der Katholischen Jugend gefordert: „Wir stellen dem Papst bei der Messe auch Mädchen an den Altar." Damals waren aber Ministrantinnen offiziell noch nicht erlaubt. Ich entkam dieser Fußangel durch eine beinahe salomonische Lösung. Ich teilte der Jugendführung mit, dass es bei der Papstmesse weder Ministrantinnen noch Ministranten aus dem Kreis der Katholischen Jugend geben werde: „Am Altar stehen nur die Theologen des Priesterseminars." In einer anderen Kleinigkeit, die aber symbolisch hochgespielt wurde, half mir Pater Tucci aus der Klemme. Denn für das Treffen mit der Jugend im Stadion war die Forderung laut geworden, dass der Papst dort nicht wie geplant mit einem Golfwagen fahren, sondern zu Fuß gehen solle. Dieses Ansinnen beantwortete Tucci kurz und bündig: „Der Papst fährt", aus Sicherheitsgründen und um Zeit zu sparen.

Wie weit sich ein gewisses Misstrauen gegenüber den Vorbereitungsarbeiten ausgebreitet hatte, erlebte ich bei einem Besuch in Rom bei Kardinal Opilio Rossi, der lange Zeit Nuntius in Österreich gewesen war. Er lud mich gar nicht ein, Platz zu nehmen, sondern meinte vorwurfsvoll: „Ihr werdet den Papst doch hoffentlich freundlich empfangen!" Ich bekam in dieser Zeit mehrmals eitrige Zähne, was ich im Nachhinein als psychosomatische Reaktion sehe. Bei einer entscheidenden Delegiertentagung im Kongresshaus in Salzburg lag ich mit Fieber im Bett. KA-Präsident Eduard Ploier heizte die Stimmung durch kritische Worte noch an. Kardinal König hat ihm nicht widersprochen. Das Ergebnis war, dass ich die Differenzen in Rom allein ausbaden musste.

Der Kardinal hat sich auf mich verlassen, sich aber selbst wenig in die ganze Vorbereitung des Papstbesuches eingebracht. Die Vorarbeiten für die Reden habe ich mit den Diözesanbischöfen Johann Weber und Egon Kapellari gemacht. In der Predigt beim Gottesdienst im Donaupark musste die kirchliche Kritik an der Fristenregelung zur Sprache kommen. Wir hatten vorgeschlagen, dass die Papst-Predigt gleichzeitig ein großes Lob für die Familienpastoral in Österreich enthalten sollte. Diese Passage blieb dann auch, von Rom leicht abgeschwächt, im Manuskript drinnen.

Besonders kritisch war die Vorbereitung für die Feier auf dem Heldenplatz gleich nach der Ankunft des Papstes in Wien. Diese Vesper stand im Zeichen der Befreiung Wiens von den osmanischen Heeren vor dreihundert Jahren, also 1683. Es war extrem schwierig, dabei der Situation der Türken in Wien gerecht zu werden und sie nicht unnötig zu provozieren. Anders als beim Katholikentag 1933 war nicht daran gedacht, das Gedenken an 1683 triumphal anzulegen. Die Begegnung zwischen den Kulturen in Europa, das neue Verhältnis des Christentums zu den anderen Religionen und damit auch zum Islam im Lichte des Zweiten Vatikanischen Konzils sollte im Vordergrund stehen. Vier Bischöfe sollten zeichenhaft das geprüfte und nach Einheit strebende Europa repräsentieren: Die Kardinäle Franciszek Macharski aus Krakau (der Asche aus Auschwitz nach Wien mitbrachte), Joachim Meisner (damals Bischof des geteilten Berlin), Jean-Marie Lustiger (Paris) und Franjo Kuharić (Zagreb). Und vier sehr bekannte Schauspieler trugen dazu sehr eindrucksvoll Stellen aus der Bergpredigt vor. Im Mittelpunkt der Papst-Predigt stand, fünf Jahre vor dem Fall der Berliner Mauer, die Einheit Europas. Die Europavesper am geschichtsträchtigen Heldenplatz war ein beeindruckender Auftakt des Papstbesuches.

Der Papst selbst hätte nicht nur Wien, sondern auch andere Städte in Österreich besuchen wollen. Wie sich zeigte, hatten wir mit unserer Wien-zentrierten Strategie aber Recht behalten. Fünf Tage lang – vom 9. bis 13. September 1983 – stand die österreichische Bundeshauptstadt im Zeichen des Österreichischen Katholikentags und des ersten Pastoralbesuchs von Papst Johannes Paul II. in Österreich. Die einzige Ausnahme blieb die Begegnung des Papstes mit Priestern und Ordensleuten in Mariazell.

Wie ich es auch schon bei anderen Papstbesuchen etwa in Irland, Spanien oder der Schweiz erlebt habe, gab es neben den vielen offiziellen Anlässen und Begegnungen keine Möglichkeit zu einer persönlichen Aussprache der Bischöfe mit dem Papst hinter verschlossenen Türen. Offenbar wollte das der Papst auch nicht, weil eine solche Begegnung im Vorbereitungsplan nie aufgeschienen ist. Auch in Wien war es so. Am Samstag, also dem Ankunftstag, gab es aber zwischen der Vesper auf dem Heldenplatz und der Begegnung mit der Jugend im Stadion ein Abendessen im kleinsten Kreis: der Papst mit drei Begleitern sowie Kardinal König und ich. Anstatt bei dieser Gelegenheit einen intensiven Austausch über die Situation der katholischen Kirche in Österreich zu pflegen, wurde nur Small Talk gepflegt. Den Papst interessierte, wie es seinerzeit mit den Habsburgern in der Geschichte Österreichs gewesen sei. Ein anderes Gesprächsthema war die Bitte von Herbert von Karajan, einmal im Petersdom eine Messe dirigieren zu können. Ich selbst habe bei diesem Abendessen eine Stelle in der dann folgenden Ansprache an die Jugend im Stadion urgiert, nämlich dass die Jugendarbeitslosigkeit ein vordringliches Anliegen für Kirche und Politik sein müsse. Diese Stelle war in Wien formuliert, in Rom aber stark abgeschwächt worden. Ich ersuchte, den Satz kurzfristig wieder in die Rede aufzunehmen. Es ist aber nicht geschehen.

Auch beim Treffen ausschließlich mit den österreichischen Bischöfen am Montag darauf im erzbischöflichen Palais war kein Meinungsaustausch möglich. Trotz meiner Einwände wurde gleich zu Beginn ein Mikrophon von Radio Vatikan installiert. Ein solches Schweigen des Papstes zu drängenden und bedrängenden oder gar persönlichen Fragen erlebte auch der Salzburger Erzbischof Karl Berg beim zweiten Papstbesuch in Österreich vom 23. bis 27. Juni 1988. Bergs Rücktritt stand damals bevor. Er erzählte mir fast gekränkt: „Stell dir vor, der Papst hat mit mir kein Wort über meine Nachfolge gesprochen, obwohl ich ihn drei Tage lang unmittelbar an seiner Seite persönlich begleitet habe."

Wenn Bischöfe offiziell Pfarren visitieren, dann scheint mir ein persönliches Gespräch mit Priestern und sonstigen Mitverantwortlichen ganz besonders wichtig zu sein. Sollte dies nicht auch bei Papstbesuchen berücksichtigt werden? Oder ist das vielleicht tatsächlich eine nicht einlösbare Überforderung bei einem jeweiligen „Mammutprogramm"? Oder gibt es wenigstens so etwas wie ein Feedback nach dem Papstbesuch? Das Vorbereitungsteam für den Papstbesuch 1983 fuhr dann tatsächlich mit Kardinal König einige Wochen später nach Rom, um Dank zu sagen. Ich war nicht eingeladen, so weiß ich auch nicht, was dort gesprochen wurde.

Trotz vieler Schwierigkeiten blicke ich froh und stolz auf den Papstbesuch zurück. Die Jugendkundgebung im Stadion war gegen alle Befürchtungen hervorragend besucht und gelungen. Die Messe im Donaupark litt unter einem furchtbaren Platzregen. Und doch blieben fast alle und hielten stand. Der Gottesdienst am Montag im Dom mit klassischen Chorwerken von Mozart und Haydn beeindruckte die Begleiter des Papstes so, dass sie sich nun auch eine Mozartmesse in St. Peter unter Herbert von Karajan vorstellen konnten. Zuletzt sagten die Begleiter des Papstes, die schon viele Reisen mit ihm gemacht hatten, dass der Papstbesuch in Österreich als Modell für andere in Europa gelten konnte. Das war mir mehr Dank als päpstliche Worte oder gar eine Auszeichnung.

Obwohl die Katholische Aktion mir vorgeworfen hatte, ich hätte ihre Anliegen in Rom zu wenig vertreten, zog Walter Schaffelhofer, ein Hauptorganisator des Papstbesuches, in einem ORF-Interview 20 Jahre danach, am 1. September 2003, eine positive Bilanz meiner Arbeit: „Dass Katholikentag und Papstbesuch dann harmonisch ineinandergriffen, war vor allem dem Wiener Weihbischof Helmut Krätzl zu verdanken, der von Seiten des österreichischen Episkopats für den Papstbesuch verantwortlich zeichnete."

Das Ende der Ära König
Oder: Die Wende von der Reform zur Restauration

Insgesamt war der Papstbesuch 1983 aus österreichischer Sicht in seiner äußeren Form gut verlaufen. Öffentliche Proteste hatten sich in Grenzen gehalten. Nur eine kleine Gruppe der Sozialistischen Jugend – darunter der spätere Bundeskanzler Werner Faymann – hatte auf dem Karlsplatz gegen den Papstbesuch demonstriert. Doch der Bruch zwischen den reformeifrigen und den konservativen Kräften in Österreich ist durch den Papstbesuch erstmals ganz offenkundig geworden. Es zeigte sich auch, dass verschiedene Kräfte die Kirche in Österreich – und damit natürlich vor allem Kardinal König – in Rom kritisierten und offenbar auch Gehör fanden. Einige Politiker taten noch das Ihrige. Andreas Khol zog im Politischen Jahrbuch der ÖVP 1984 eine kritische Bilanz über den Papstbesuch. Der Papst habe deutlich den klaren Auftrag des Lehramtes eingemahnt, sich Gehorsam zu verschaffen, ein Auftrag, der in seiner Tragweite offensichtlich noch nicht ganz erkannt worden sei, meinte Khol und fügte in einer Fußnote an: „Es ist dies auch ein Langzeitprogramm. Die Bischofsernennungen in Österreich, die Wirkung der Bischöfe auf den Klerus, alles das sind wichtige Instrumente, die aber Zeit benötigen." Die Kritik gipfelte in der Ankündigung, dass die nächsten Bischofsernennungen in Österreich „papsttreue Amtsträger" bringen würden. Es war ungeheuer, den maßgeblichen Bischöfen in Österreich die Papsttreue abzusprechen. Aber dass es nun andersdenkende Bischöfe geben werde, hat sich leider durch die nachfolgenden Ernennungen bestätigt.

1984 wurde Michele Cecchini, zuletzt Pronuntius in Jugoslawien, zum Apostolischen Nuntius in Wien ernannt. Er konnte nur sehr schlecht Deutsch, litt unter einer beginnenden Krebskrankheit und kannte die Kirche in Österreich nicht. So war er manchen selbsternannten „Beratern" ausgeliefert, denen Cecchini offensichtlich kritiklos glaubte. In kurzer Zeit kam es zu vier umstrittenen Bischofsernennungen, die das Klima in der Bischofskonferenz massiv verändert haben. 1986 kam Hans Hermann Groer für Wien, 1987 wurde Kurt Krenn Weihbischof für Wien, 1989 Georg Eder Erzbischof von Salzburg und Klaus Küng Diözesanbischof von Feldkirch. In diese Zeit fiel auch, dass Alfred Kostelecky 1986 erster Militärordinarius für Österreich wurde.

Nachdem der Rücktritt Kardinal Königs angenommen worden war, hat das Domkapitel, wie es das Kirchenrecht vorsieht, einen Diözesanadministrator gewählt. Die Wahl fiel auf mich. Daher wäre ich in die Vorgänge rund um die Ernennung des Nachfolgers von Kardinal König maßgeblich einzubeziehen gewesen. Aber es kam anders. Der Nuntius hatte rund 2000 Gläubige – Bischöfe, Priester und Laien – befragt. Dabei wurden rund 160 Namen genannt, wie er selbst sagte. Daraus hat der Nuntius eine bestimmte Zahl ausgewählt, wie viel, weiß ich nicht. In Rom wurde nun die „heiße" Namensliste erstellt, die zur Begutachtung an einen ganz kleinen Kreis ging, den der Nuntius aussuchte. Als ich sie sah, stand für mich fest, dass keiner der Genannten wirklich geeignet war, in die Fußstapfen Königs zu treten. Ich schrieb daher an den Nuntius einen Brief mit der Bitte, eine andere Kandidatenliste zu erstellen, weil die namhaft Gemachten in keiner Weise dem Profil entsprechen würden, das ein Erzbischof von Wien haben müsse.

Diese Intervention war vergeblich. Die breite Meinungsbildung in der Erzdiözese mit ihrer Reihung war sicher völlig unberücksichtigt geblieben. Im Juli war ich mit meiner Familie in Wildbad Einöd. Da erhielt ich einen Anruf der bekannten Kirchenredakteurin der „Presse", Pia Maria Plechl. Sie teilte mir mit: „Pater Hermann ist neuer Erzbischof von Wien." Ich war sehr bestürzt. Tags darauf kam schon die Meldung in den Medien. Erst dann rief mich der Nuntius an und bat mich zu sich. Ich legte nun dem Nuntius meine Befürchtung dar, dass es zu einer Spaltung in der Erzdiözese Wien und in der Bischofskonferenz kommen werde. Seine Antwort war: „Die gibt es schon längst." Ich konfrontierte Cecchini auch mit meiner Überzeugung, dass Hans Hermann Groer doch sicher nicht unter den ersten zehn Kandidaten gewesen sei, die in der Umfrage in der Erzdiözese Wien genannt worden waren. Der Nuntius dazu ausweichend: „Da war nicht viel Unterschied in der Zahl der Nennungen."

Cecchini hatte mir persönlich gegenüber aber offenbar trotzdem kein ruhiges Gewissen. Er machte mir den Vorschlag: „Sie können Militärbischof werden." Kurz vorher, am 21. April 1986, hatte der Papst in einer Apostolischen Konstitution „Spirituali militum curae" die Errichtung von eigenen Militärordinariaten angeordnet. Es sollten also künftig für die Militärseelsorge eigens Bischöfe ernannt werden und nicht wie bisher ein Diözesanbischof diese Aufgabe zusätzlich erfüllen. In Österreich war Kardinal König selbst lange Zeit Militärbischof, dann Franz Zak, der Bischof von St. Pölten. Ich schrieb damals dem Nuntius, dass ich ganz und gar gegen eine solche Lösung sei, weil wohl die Jugend es nicht verstehen werde, dass man dadurch das Militär aufwerte. Ich erinnerte jetzt den Nuntius daran und sagte: „Herr Nuntius, ich mache das nicht." Da wollte er mich überreden: „Sie sind so ein dynamischer Bischof. An der Spitze der Militärdiözese hätten Sie den Status eines Diözesanbischofs. Überlegen Sie sich das noch einmal." Ich blieb bei meiner Haltung – einigermaßen erstaunt darüber, dass mir der Nuntius zutraute, um einer fragwürdigen Karriere willen meine frühere Meinung aufzugeben.

Es gibt eine kirchliche Weisung, die Diözese nach der Ernennung eines neuen Diözesanbischofs zu einer Dank- und Bittmesse zu versammeln. Ich tat dies am 19. Juli 1986 und habe dabei folgende Predigt gehalten:

Am 16. Juli hat Papst Johannes Paul II. den früheren Wiener Diözesanpriester und späteren Benediktinermönch des Stiftes Göttweig, Pater Dr. Hermann (Hans) Groer zum neuen Erzbischof von Wien ernannt. Er wird am 14. September, am Feste Kreuzerhöhung, hier zum Bischof geweiht werden. Die erste sonntägliche Eucharistiefeier in dieser Bischofskirche nach Bekanntwerden der Ernennung soll ganz dem Dank für die Beendigung der Sedisvakanz und dem Bittgebet für den neuernannten Erzbischof gewidmet sein (...)
Mehrfach hat uns der Papst während der Sedisvakanz wissen lassen, ihm liege die Ernen-

nung des Erzbischofs von Wien so sehr am Herzen, dass er sich mehr als üblich in die Entscheidung einschalten werde. Der Papst hat sicher einen Mann gewählt, den er gerade für Wien als besonders geeignet erachtet hat. Er hat jemand bestellt, dem er ganz offensichtlich in höchstem Maße sein Vertrauen schenkt. Das Wissen darum hat wohl auch dem Neuerwählten die Kraft gegeben, so rasch und anscheinend ohne allzu große Kümmernis zu seiner Berufung Ja zu sagen. Es scheint mir fast, man müsse heutzutage ausdrücklich auch jenem danken, der ein so schweres Amt in einer so schwierigen Zeit zu übernehmen bereit ist.

Die Entscheidung hat der Papst gefällt. Und zu welchem neuen Anfang wollte der Papst uns gerade durch diese Wahl bewegen? (...) Dr. Hans Groer war fast die ganze Zeit seines Priesterlebens Lehrer, Religionslehrer an höheren Schulen. Viele hundert junge Menschen, die heute in verantwortungsvollen Stellungen arbeiten oder auch Priester geworden sind, hat er unterwiesen. Er weiß, was es heißt, das Wort Gottes in seiner Fülle zu verkündigen. Weiß, dass damit nicht die Summe mancherlei Schulwissens gemeint ist, sondern die Tiefe des Glaubens. Dort ist sein Religionsunterricht wohl am besten gelungen, wo er die Tiefe des Menschen erreicht hat, den Glauben geweckt, oder den angefochtenen Glauben gestärkt hat.

Ein neuer Anfang? Vielleicht will der Papst uns durch die Bestellung dieses Religionslehrers sagen, wir sollten die große Chance des Religionsunterrichtes noch besser nützen. Der Jugend die Fülle des Wortes Gottes verkünden. Ihr zeigen, wie reich und herrlich das Geheimnis Gottes ist, das uns in seinem Sohn offenbar wurde. Sie erleben lassen, dass Christus mitten unter uns ist (vgl. Kol 1,27). Den Jugendlichen, die voll von Sehnsucht und Idealen sind, starke Herausforderungen bieten. Jenen Jugendlichen aber, die ratlos sind und an der Zukunft zweifeln, zeigen, welche Hoffnung uns in Jesus Christus und in seinem Wort geboten wird.

Neuer Anfang? Möge es dem neuen Erzbischof aus seiner reichen Lehrererfahrung heraus gelingen, den vielen hundert Katecheten, Priestern und Laien, wieder neu Mut zu machen für ihren wunderbaren Dienst. Ihnen aber auch die Verantwortung zu zeigen, die sie für die Lebensentscheidung so vieler junger Menschen und schließlich für die Zukunft der Kirche selbst haben.

Dr. Hans Groer hat bei all seiner Lehrtätigkeit immer auch Ausschau gehalten nach jungen Menschen, die einen Priester- oder Ordensberuf haben könnten. Ist es nicht das beste Zeugnis für den konkreten Religionsunterricht, wenn durch ihn Menschen zur Nachfolge Christi ermuntert werden, nicht nur in der Welt, sondern auch im Kloster, nicht nur in weltlichen Berufen, sondern auch im Priesteramt? Neuer Anfang: Welche Wege wird uns der neue Erzbischof weisen, um erfolgreicher als bisher die vorhandenen, aber doch nicht zur Entfaltung gekommenen Priester- und Ordensberufe zu wecken? Und zwar solche, wie sie eine sich im Geist des Konzils erneuernde Kirche braucht und haben muss!

Dr. Hans Groer ist immer Pädagoge gewesen. Er weiß, dass der Mensch mit der Reifeprüfung nicht zu lernen aufhört. Katechese muss es geben für alle Altersstufen. Sein Wirken im Laienapostolat, in der besonderen Ausformung der Legio Mariens hat ihm wohl immer gezeigt, wie sehr der Glaube in einer säkularisierten Umgebung abzusterben droht. Wie sehr andererseits Einzelne, Familien und Gemeinschaften gerade in ihren großen Existenzproblemen Ausschau halten nach etwas, was ihnen Fundament fürs Leben sein könnte. Neuer Anfang: Welche neue Formen der Erwachsenenkatechese und der Glaubensreflexion wird uns der neue Bischof lehren? Was wird er tun, dass die Verkündigungsarbeit, die ja zu seiner Hauptsorge gehören muss, insgesamt verbessert wird, angefangen von der Predigt bis zum schlichten Zwiegespräch, dass in der Zeit der vielen oberflächlichen Worte noch viel eindrücklicher er verkündet werde, Christus der Herr, der unser aller Hoffnung ist?

Der Papst hat uns nicht nur einen Religionslehrer, sondern auch einen Benediktinermönch, Pater Hermann Groer, als neuen Erzbischof gegeben. Unschwer ist zu erkennen, dass das auf mehr Verinnerlichung, Vergeistigung, auf mehr Spiritualität verweist. Innerhalb der Kirche selbst ist eine neue Sehnsucht aufgebrochen nach mehr und besserem Gebet. Allenthalben ist bewusst geworden, dass viel, was sich sehr ansehnlich in Organisation und Struktur gebildet hat, in Gefahr ist, zu erstarren. Über die Kirche hinaus und neben ihr suchen immer mehr Menschen nach neuen Methoden, sich sammeln zu können, still zu werden, sich zu finden. Es trifft sich eigenartig, dass gerade heute das Evangelium von den beiden Schwestern in Bethanien gelesen wird, von Maria und Martha. Von jener Maria, die zu den Füßen des Meisters sitzt und hört und betrachtet und die Mühen und

Sorgen des Alltags und der tätigen Liebe den
anderen überlässt. Und gerade sie kann hören:
„Du hast das Bessere gewählt" (vgl. Lk 10,42).
Es wäre zu einfach, aus dieser Stelle eine
Rechtfertigung für so manche Flucht aus der
Realität heraushören zu wollen, zu simpel, von
daher Meditation gegen Aktion auszuspielen
(...) Wer kann denn ganz nahe bei Jesus sein
und ihn wirklich hören, ohne dadurch gedrängt
zu werden, dem anderen zu dienen, so wie er es
getan hat? Wer kann aber andererseits sich auf
die Dauer für andere hingeben, ohne sich aus-
zugeben, wenn er nicht Stunden hat, wo er bei
ihm ruht und sinnt und betet und sich bei ihm
geborgen weiß?

Neuer Anfang: Welche Art von Spiritualität
wird uns der neue Erzbischof lehren? Er hat
sich selbst in den zehn Jahren seines Benedik-
tinerlebens nie hinter Klostermauern einge-
sperrt, sondern auch als Mönch viele weltliche
Aufgaben erfüllt, etwa die administrative Leitung eines Gymnasiums, einen Wallfahrtsbetrieb
und den Bau eines neuen Klosters. Er möge uns
eine Spiritualität lehren, die uns die Kraft
gibt, mitten in der Welt zu stehen und doch
nicht zu veröden. Eine Spiritualität, die uns
den missionarischen Geist der Jünger Christi
neu finden lässt. Eine Spiritualität, in der
sich die Kirche von Wien nicht ab- und ein-
schließt, sondern sich immer mehr noch öffnet
für die Vielen. Nicht, um sich dabei zu „ver-
äußerlichen", sich leerzuströmen, sondern um
aus der Kraft des Glaubens möglichst viele
teilnehmen zu lassen am Reichtum und der Herr-
lichkeit der Geheimnisse, die Gott seiner Kirche anvertraut hat (...)

Ich wollte mit dieser Predigt, die mir nicht leicht fiel, alle Diözesanen zu größtmöglicher Loyalität gegenüber dem neuen Erzbischof animieren. Wieso war es aber nun wirklich gerade zu dieser Ernennung gekommen? Kardinal Franz König hatte allem Anschein nach auf seine Nachfolge keinen maßgeblichen Einfluss ausgeübt. Das hat der Papst bei einer Tagung in Castel Gandolfo gegenüber einem österreichischen Politiker sogar bestätigt. Auch aus dem Staatssekretariat gab es Andeutungen, dass die Namen Helmut Krätzl oder Florian Kuntner dort nie gefallen seien. Andererseits soll der Papst dem Kardinal versprochen haben, dass er vor der Ernennung eines Nachfolgers mit ihm in Kontakt treten werde. Das ist nicht geschehen. König sagte in einem Interview in den USA, der Papst habe offenbar keine Zeit gefunden, ihn zu konsultieren. Der Kardinal war sichtlich gekränkt, er hat aber dann, wohl aus dieser Kränkung heraus, zuletzt nichts konkret gegen die bevorstehende Ernennung von Hans Hermann Groer unternommen.

Ich bin mir sicher, dass Weihbischof Florian Kuntner und auch mein Name unter den ersten zehn der häufigsten Nennungen gestanden sind. Kritische Stimmen zu uns beiden hatte es aber auch aus Kreisen führender katholischer Publizisten gegeben. Einer befürchtete sogar in einer Glosse, dass es nach König nun in Wien zu einer „Provinzialisierung" kommen werde. Damit konnte er nur Kuntner und mich gemeint haben. Freilich waren wir in keiner Weise mit König zu vergleichen, aber sicher wäre unter uns vieles anders gekommen als unter Groer. Manche meinten auch, mein engagiertes Eintreten für die Zulassung Geschiedener, die wieder geheiratet haben, zu den Sakramenten hätte mich den Erzbischofsstuhl von Wien gekostet. Ich glaube das nicht, denn ich hatte bis dahin aus Rom nie eine Rüge erhalten.

Erst später ließ Kardinal König mir persönlich gegenüber durchblicken, dass ich in seinen Augen der Erbe dessen war, was er in der Erzdiözese Wien seelsorglich im Sinne des Zweiten Vatikanischen Konzils aufgebaut hatte – und dass er mich deshalb auch vorzüglich als seinen Nachfolger gesehen hätte. Aber gerade das wollte man ja in Rom vermeiden. Ausschlaggebend für die Ernennung Groers und auch für die folgenden Bischofsernennungen unter Cecchini war, dass Rom einen neuen Kurs wollte. Da stand ich aber für Rom dezidiert auf der falschen Seite.

Nach der Ernennung Groers meldete ich mich sofort bei ihm. Da sagte er: „Ich würde dich sehr bitten, dass du wieder den Generalvikar machst." Er fügte aber gleich hinzu: „... obwohl mir manche raten, einen andern zu nehmen, denn sonst geht alles so weiter wie bisher." Ich hätte auf jeden Fall nein gesagt, so aber legte mir Groer die Ablehnung fast auf die Zunge. Ich bekam dann vorerst kein Referat zugewiesen. Schließlich übertrug mir der neue Erzbischof die Erwachsenenbildung und die Priesterfortbildung. Damals bin ich auch aus dem gemeinsamen Haushalt im erzbischöflichen Palais ausgezogen in das Domherrenhaus am Stephansplatz 5.

Groer tauschte nun überhaupt die engsten Mitarbeiter aus. Er habe zu wenig Vertrauen zu ihnen. So wollte er partout neben Karl Moser, Florian Kuntner und mir einen vierten Weihbischof, eben einen seines Vertrauens. Dafür schlug er keinen einzigen Kandidaten aus Wien vor, sondern drei andere. Daraufhin teilte ihm der Nuntius mit, dass er auch Kurt Krenn, damals Professor in Regensburg, auf den Dreiervorschlag setzen müsse. Groer entsprach dieser Weisung, obwohl er Krenn gar nicht kannte. So wurde Krenn 1987 neuer Weihbischof in Wien. Bei seiner Weihe am 26. April 1987 war ich nicht dabei, ich blieb an diesem Nachmittag auf einer Pfarrvisitation in Niederösterreich. Ich hätte ja sonst dem neuen Weihbischof im Rahmen der Weihezeremonie die Hände auflegen müssen. Ich wollte aber keine „sakramentale Handlung" vollziehen, zu der ich innerlich nicht stand. Laut Dekret sollte Krenn die Aufgaben eines Bischofsvikars für Kunst, Kultur und Wissenschaft übernehmen. Dazu gehörte auch die Hochschulseelsorge. Dass

Rom selbst die Agenden eines Weihbischofs bestimmt, war bislang unüblich. Das steht immer dem Diözesanbischof zu. Wer hatte da die besseren Karten in Rom gehabt?

In seinen weiteren Personalentscheidungen griff Erzbischof Groer auf langjährige Pfarrer zurück, die aber kaum Erfahrung in der Kirchenleitung hatten. Generalvikar wurde ein sehr engagierter Seelsorger, der aber seit seiner Priesterweihe ausschließlich in einer Wiener Stadtrandpfarre zuerst als Kaplan, dann als Pfarrer gewirkt hatte. Als Nachfolger von Josef Toth, der 18 Jahre lang das Wiener Priesterseminar geleitet hatte und im ganzen deutschen Sprachraum angesehen war, ernannte der Erzbischof einen Priester, der wohl ein sehr froher, eifriger, beliebter und leutseliger Seelsorger war, dem aber mancherlei Voraussetzung für ein so verantwortungsvolles Amt fehlte.

Ich will nicht verhehlen, dass die Ernennung von Hans Hermann Groer für mich ein massiver Einschnitt war. Bis 1985 hatte ich als Pfarrer, Ordinariatskanzler, Generalvikar und Weihbischof eine aufsteigende Linie in Leitungsfunktionen der Erzdiözese Wien erlebt. Jetzt spürte ich auch an Kleinigkeiten, dass ein Bruch geschehen war. Ein äußeres Anzeichen dafür war das vorerst nachlassende Interesse der Medienleute. Ich war für die Journalisten interessant, als ich noch ein „heißer Kandidat" für den Erzbischofstuhl von Wien gewesen war, jetzt aber nicht mehr, da ich nicht zum Zug gekommen war. Später hat man wieder neues Interesse an mir gefunden, wahrscheinlich, weil ich zu manchem sehr offen meine Meinung äußerte.

Ich habe dann aber bald meine neue Freiheit als Weihbischof entdeckt und gespürt, was ich kann und wo ich angenommen bin: als Visitator und Firmspender in den Pfarren, als Vortragender in der Erwachsenenbildung, als Radiosprecher in Sonntagspredigten, in der Ökumenischen Morgenfeier des ORF, als Kolumnist in der Wochenzeitung „Die Furche", als Schulreferent und Pressesprecher der Bischofskonferenz.

Ad limina 1987
Oder: Der Konflikt der Bischofskonferenz mit Rom

Zwei Punkte waren Kardinal König in Rom zum Vorwurf gemacht worden: Gesellschaftspolitisch, dass es der katholischen Kirche in Österreich nicht gelungen sei, die Fristenregelung zu verhindern. Kirchenpolitisch, dass die katholischen Bischöfe Österreichs an ihrer differenzierten Haltung zur Empfängnisregelung festgehalten haben – und dies auch noch nach „Familiaris consortio" vom 22. November 1981. Dieses Apostolische Schreiben von Papst Johannes Paul II. hat neuerlich die Linie der Enzyklika „Humanae vitae" von Papst Paul VI. aus dem Jahr 1968 unterstrichen. Die Österreichische Bischofskonferenz blieb aber im Prinzip bei ihrer Mariatroster Erklärung zur Empfängnisregelung, die sie am 22. September 1968 zu „Humanae vitae" abgegeben hatte.

Ich war 1981 schon in der Bischofskonferenz und erinnere mich, wie verantwortungsbewusst um die Entscheidung gerungen wurde, nun weiterhin zur Mariatroster Erklärung zu stehen. Zweifel wurden laut. Sogar Erzbischof Franz Jachym, der durchaus zu den mutigen Stimmen in der Bischofskonferenz gehörte, meinte zu dieser Causa: „Wenn der Papst das jetzt wieder so sagt, dann können wir nicht widersprechen." Wir standen aber doch weiterhin zur Erklärung von Mariatrost. Nicht um dem Papst zu widersprechen, sondern als Hilfe für die betroffenen Eheleute, aber auch um zu zeigen, dass viele Bischöfe auf eine Weiterentwicklung dieser päpstlichen Lehre in einer so lebensnahen Frage drängen. Die deutschen Bischöfe, die seinerzeit in Königstein eine ähnliche Erklärung abgegeben hatten wie die österreichischen in Mariatrost, zogen diese auch nicht zurück, bekräftigten sie aber auch nicht.

Dieser dauernde Konfliktstoff zwischen Rom und der katholischen Kirche in Österreich sollte nun aber auch zu einer besonderen Kontroverse innerhalb der Bischofskonferenz führen. Weihbischof Kurt Krenn hatte gleich nach seiner Ernennung im März 1987 öffentlich verlangt, die Bischofskonferenz müsse die Mariatroster Erklärung zurücknehmen. Ein Höhepunkt der Auseinandersetzung war dann der Ad-limina-Besuch der österreichischen Bischöfe im Juni 1987 in Rom. In seiner Ansprache mahnte Papst Johannes Paul II. die kirchliche Lehre in der Ehe- und Familienseelsorge unmissverständlich ein: „An der Gültigkeit der in Humanae vitae dargestellten sittlichen Ordnung darf kein Zweifel gelassen werden. Wenn im ersten Augenblick der Veröffentlichung der Enzyklika noch eine gewisse Ratlosigkeit verständlich war, die sich auch in manchen bischöflichen Erklärungen niedergeschlagen hat, so hat der Fortgang der Entwicklung die prophetische Kühnheit der aus der Weisheit des Glaubens geschöpften Weisung Pauls VI. immer eindringlicher bestätigt."

Im Klartext war das die Aufforderung an die österreichischen Bischöfe, die Mariatroster Erklärung zu widerrufen. Denn dass die Bischofskonferenz damals die Möglichkeit einer Gewissensentscheidung hatte offengelassen, war nach den Worten des Papstes „in einer gewissen Ratlosigkeit im ersten Augenblick" geschehen. Das war ein deutlicher Fingerzeig. Weihbischof Kurt Krenn merkte allerdings im Nachhinein an, „dass der Papst uns Bischöfen noch viel mehr hätte sagen wollen". Offenbar hatte Krenn an der Vorbereitung dieser Rede des Papstes mitgearbeitet. Informell haben wir aus der deutschen Sektion des Staatssekretariates erfahren, dass dort „die ärgsten Passagen" im ursprünglichen Redemanuskript entschärft worden seien.

Der Kompromiss in der Bischofskonferenz war eine neuerliche Erklärung. Diese wurde am 29. März 1988 veröffentlicht und sollte den schwerwiegenden Konflikt im Hinblick auf den Papstbesuch im Juni 1988 ausräumen. Die neuerliche Erklärung war aber kein Widerruf, wie Krenn ihn eingefordert hatte, sondern eine Klarstellung einiger Passagen von 1968. Der Inhalt blieb umstritten. Papst Johannes Paul II. sagte dazu bei seinem Pastoralbesuch in einer Ansprache am 24. Juni 1988, jeder Christ müsse die Lehre der Kirche „maßgebend" in seine Gewissensentscheidung einbeziehen. „Ihr selbst habt in der genannten Erklärung gegenüber missbräuchlichen Formen der Berufung auf das Gewissen deutlich gemacht, was dies zum Beispiel im Hinblick auf die Enzyklika ‚Humanae vitae' und das Apostolische Schreiben ‚Familiaris consortio' für das Leben der Christen konkret bedeutet." Der Papst wollte also die Erklärung der Bischofskonferenz so interpretiert wissen, dass sie die Lehre von „Humanae vitae" bestätigt habe – was aber von uns nicht so gemeint war.

Der ganze Ad-limina-Besuch von 1987 war unter keinem guten Stern gestanden. Wahrscheinlich auch wegen der neuen Zusammensetzung der Bischofskonferenz. Ich machte in meiner Kolumne in der Wochenzeitung „Die Furche" keinen Hehl aus meiner Enttäuschung über den Ad-limina-Besuch, insbesondere darüber, dass es nur eine frontale Ansprache des Papstes gegeben hatte und keine gemeinsame Aussprache und dass die persönlichen 15-Minuten-Gespräche des Papstes nur mit den Diözesanbischöfen stattgefunden hatten, ohne Einbeziehung der Weihbischöfe. Der Bischof von Münster, Reinhard Lettmann, mit dem ich seit langem befreundet bin, hat mir dazu gesagt, dass er selbst bei den Ad-limina-Besuchen immer seine Weihbischöfe zur Audienz beim Papst mitnehme. „Der Papst sagt aber nie, lass die Weihbischöfe mitkommen. Das muss der jeweilige Diözesanbischof schon selber tun." Das hat aber auch Kardinal König nie getan. Wir Weihbischöfe saßen immer im Vorzimmer und wurden erst zum Fototermin „eingelassen". So hatten wir also nie Gelegenheit, in einer direkten Begegnung mit dem Papst unsere Meinung zu sagen.

So war es auch beim Ad-limina-Besuch 1987, dem ersten mit Erzbischof Groer und dem drei Monate vorher ernannten Weihbischof Kurt Krenn. Erzbischof Groer war 25 Minuten allein beim Papst, dann wurden wir vier Weihbischöfe, Moser, Krätzl,

Kuntner, Krenn, in dieser Reihenfolge „vorgestellt". Bei mir sagte Groer: „Das ist der Administrator", worauf ich sofort einwarf: „Das bin ich *gewesen*!" Für ein ernstes Gespräch war aber keinerlei Möglichkeit.

Unabhängig von diesem offiziellen Besuch habe ich daher zweimal selbst die Initiative ergriffen, meine Meinung in Rom direkt zu äußern. Eine Gelegenheit hatte sich mir schon am Tag vorher bei einem Besuch bei Kardinal Bernardin Gantin ergeben, eine zweite habe ich schriftlich wahrgenommen. Nach dem Ad-limina-Besuch habe ich dem Papst einen sehr besorgten Brief geschrieben.

„Heiliger Vater!"
Oder: Zweimal im Alleingang nach Rom

Der Romaufenthalt der österreichischen Bischöfe anlässlich des Ad-limina-Besuches 1987 war vom 14. bis zum 20. März. Man hatte uns die offiziellen Termine der Begegnungen noch nicht in Wien bekannt gegeben, so dass wir die ganze Woche „in Bereitschaft" sein mussten. Das bot aber auch Gelegenheit zu persönlichen „Unternehmungen". Schon früher hatte ich meinem ehemaligen Professor an der Gregoriana P. Jean Bayer SJ mein Leid über die neue Konstellation in Wien geklagt. Er schlug mir vor, einmal mit ihm zu Kardinal Gantin, dem Präfekten der Bischofskongregation zu gehen, den er sehr gut kenne. Und jetzt machte er kurzfristig einen Termin für Montag, den 15. März, aus.

Der Kardinal empfing uns sehr freundlich und ich habe ihm in meinem miserablen Italienisch meinen Kummer geklagt. Der Kardinal hörte geduldig zu. Auf meine Frage, wie denn solche Ernennungen wie in Wien zustande kämen, antwortete er: Bei Diözesanbischöfen für Länder mit einem Konkordat liege die letzte

Entscheidung beim Staatssekretariat. „Und bei Weihbischöfen?",
fragte ich im Hinblick auf Krenn? Er lächelte verschmitzt und antwortete: „Das geht in der Regel über uns." So war offenbar bei
Krenn eine Ausnahme gemacht worden. Der Kardinal redete dann
versöhnlich meditierend über die notwendige Einheit in der Kirche. Schließlich eröffnete er uns seinen Eindruck bei der wöchent-
lichen „Tabellenaudienz" beim Papst und sagte fast ein wenig ver-
klärt: „Immer wenn ich vor dem Heiligen Vater stehe, glaube ich,
ich rede mit dem Herrn Jesus selbst." Das Gespräch mit dem Kardinal war zwar sehr amikal, aber ohne Wirkung. Kardinal Gantin
hat meine Bedenken geduldig angehört, aber nicht näher kommentiert.

Mein zweiter Vorstoß nach dem unbefriedigenden Ad-limina-
Besuch 1987 war ein Brief an den Heiligen Vater selbst. Ich habe
lange überlegt, ob ich das tun soll und was ich schreiben darf.
Schließlich dachte ich mir, ich dürfe ihm doch meine berechtigten
Sorgen um die Kirche in Österreich mitteilen, ohne Rücksicht auf
etwaige persönliche Sanktionen. Frau Lony Glaser, die Gründerin
des Institutes Janineum, das seinerzeit unter der Patronanz von
Kardinal Franz König und Erzbischof Karol Wojtyla aufgebaut
worden war, hatte immer, wenn sie in Rom war, direkten Zugang
zur heiligen Messe mit Johannes Paul II. in seiner Privatkapelle.
Wie eng das Verhältnis war, zeigte mir eine Bemerkung des Papstes anlässlich einer Audienz, wo er beim Abschied sagte: „Grüßen
Sie mir die Loni Glaser." Ihr habe ich meinen Brief gegeben und
sie wollte ihn direkt über den Sekretär des Papstes ihm zumit-
teln.

DR. HELMUT KRÄTZL
WEIHBISCHOF
1010 Wien, Stephansplatz 5

30.9.1987

Heiliger Vater!

Im Rückblick auf den Ad-Limina-Besuch der österreichischen Bischöfe möchte ich Ihnen, Heiliger Vater, zuerst für die viele Zeit danken, die Sie uns gewidmet haben. Sie haben uns im Laufe einer Woche viermal empfangen. Gleichzeitig aber bedauere ich, daß wir Weihbischöfe keine Gelegenheit zu einem Gespräch mit Ihnen hatten, was wir gerade im Hinblick auf die derzeit schwierige Lage in der Erzdiözese Wien erwartet hätten.

Aus meiner bisherigen Tätigkeit in der Erzdiözese Wien glaube ich, die momentane Situation recht beurteilen zu können. Vor mehr als dreißig Jahren habe ich den damals neuen Erzbischof und späteren Kardinal König als Zeremoniär vier Jahre lang begleitet. Nach mehreren Jahren römischen Studiums und Seelsorgsarbeit in einer Pfarre habe ich seit 1969 ununterbrochen, zuerst als Cancellarius, später durch 10 Jahre als Weihbischof, Generalvikar und zuletzt als Diözesanadministrator in der Leitung der Diözese mitgearbeitet und so viel Erfahrung gesammelt. Vertrauensvoll möchte ich Ihnen, Heiliger Vater, meine Sorgen sagen.

Zunächst hätte ich Ihnen gerne viel Positives aus Wien berichtet: wie man sich müht, die Leitlinien des Zweiten Vatikanischen Konzils

71

in der Diözese und in den Pfarren zu befolgen; wie so viele Laien sich nun für die Seelsorge engagieren und Verantwortung in der Kirche übernehmen; wie dies alles in großer Liebe zur Kirche geschieht und in großer Treue zum Papst. Bei Ihrem Besuch 1983 konnten Sie ja in wenigen Tagen viel davon selbst verspüren. Ich wollte auch berichten, wie die Kirche in Wien und in Österreich in den letzten Jahren zunehmend Respekt in fast allen Kreisen gefunden hat, sei es bei den anderen christlichen Kirchen, sei es im Bereich der Politik, der Wissenschaft und Kunst, sei es sogar bei Ungläubigen.

Freilich hätte ich Ihnen auch von der derzeit so schwierigen Situation in Wien berichtet. Sie hat vor allem begonnen mit der Ernennung P. Hermann Groers zum Erzbischof von Wien. Hans Groer war durch mehr als 30 Jahre Weltpriester unserer Diözese und hat intensiv, aber sehr eigenwillig priesterlich gewirkt. Zeichenhaft für ihn war, dass er nie in einem diözesanen Gremium mitgearbeitet hat, sondern stets nur eigene Bereiche betreute und die Arbeit in der Diözese selbst und deren Leitung immer stark, sozusagen von außen kritisierte. Es ist eine weit verbreitete Meinung, dass er dann mit 57 Lebensjahren mit einigen anderen Priestern, nicht zuletzt aus Protest gegen die Diözese, in das Stift Göttweig eingetreten ist. Nun zum Erzbischof von Wien ernannt, kann er keinesfalls Klerus und Laien dieser so schwierigen Diözese um sich sammeln und führen, weil ihm menschlich und auch aus seiner bisherigen Position zum Diözesangeschehen dazu die Voraussetzungen fehlen. Sehr viele haben dies gewusst und hätten das voraussagen können. Leider hat aber der hochwürdigste Apostolische Nuntius bei der Kandidatenfindung gerade in Wien im Laufe des Inquisitionsprozesses nur Kardinal König und mich als Diözesanadministrator befragt, meines Wissens nach aber keinen anderen Weihbischof, Bischofsvikar oder sonst maßgeblichen Priester. Wir glauben, dass auf diese Weise Sie, Heiliger Vater, für Ihre Entscheidung nicht die entsprechenden Informationen erhalten haben.

Trotz großer Enttäuschung bei sehr vielen über diese Ernennung gelang es mir, die meisten Mitbrüder zu einer positiven Mitarbeit und zu Loyalität gegenüber dem neuen Erzbischof zu bewegen. Die Ernennung von Weihbischof Krenn allerdings hat dann Überraschung und Enttäuschung bei vielen fast in Verbitterung umschlagen lassen. Niemand konnte die Notwendigkeit eines zusätzlichen Weihbischofs schon wenige Monate nach Amtsantritt des neuen Erzbischofs verstehen. Niemand, selbst die engsten Mitarbeiter, waren von einer bevorstehenden Ernennung unterrichtet worden. Dazu kam, dass Prof. Krenn mindestens seit der Bischofsbesetzung in Linz im Jahre 1981 in ganz Österreich dafür bekannt war, dass er mit allen Mitteln versuche, selbst Bischof zu werden. Viele seiner Kollegen aus seiner römischen Studienzeit wussten schon lange von diesen seinen Ambitionen. Überdies arbeitete er in Oberösterreich mit rechtsextremen, unduldsamen Kreisen zusammen und war bekannt für sein einseitiges politisches Engagement zugunsten gewisser Kreise in der Österreichischen Volkspartei.

Die Situation in Wien ist derzeit so, daß die Diözese nahezu nicht regiert wird. Erzbischof

Groer gibt keine maßgeblichen Impulse für die Seelsorgearbeit, sondern beklagt selbst vielen gegenüber seine Situation. Innerhalb eines Jahres haben die wichtigsten Mitarbeiter in der Zentrale ihre Posten zur Verfügung gestellt, was jeweils sofort gerne angenommen wurde. Ihre Nachfolger haben noch zu wenig Erfahrung in den entsprechenden Ressorts, um all ihren Aufgaben gerecht zu werden. Entscheidungen, so weit sie unbedingt gefällt werden müssen, trifft Erzbischof Groer ganz allein, meist sogar, ohne vorher den Generalvikar zur Beratung heranzuziehen. Zu gesellschaftspolitischen Fragen nimmt er kaum Stellung. Weihbischof Krenn hingegen äußert sich oft in der Öffentlichkeit und erregt durch die Art und den Inhalt seiner Aussagen in weiten Kreisen berechtigten Unmut. Alle Anzeichen deuten darauf hin, dass er einen längst überwunden geglaubten parteipolitischen Katholizismus wieder einführen will. Insgesamt macht er große, jedoch keinesfalls rühmliche Schlagzeilen in den Zeitungen. Und war die Kirche unter Kardinal König in weitesten Kreisen in bestem Ansehen, so ist sie derzeit, und besonders die neue Kirchenführung in Wien, nicht selten Gegenstand des Spottes in den Medien und in Kabarettsendungen.

Das alles bedeutet für Priester und Laien in unserer Erzdiözese bis hinein in ganz kleine Pfarren eine sehr schwere Prüfung. Mit Gottes Hilfe hoffen wir, auch aus dieser Situation das noch Bestmögliche zu machen. Allerdings können sehr viele nicht verstehen, warum man es den Katholiken schwerer macht, als sie es ohnehin in einer säkularisierten Welt haben. Andererseits erwarten viele der Kirche noch

Fernstehende eine aufgeschlossene Kirche, die Antworten zu sagen wagt auf die eigentlichen Fragen dieser Zeit.

Gerade aus Liebe zur Kirche, im Bewusstsein meiner Mitverantwortung als Bischof auch für die Gesamtkirche und aus überzeugter Treue zum Papst, fühle ich mich verpflichtet, das alles so offen zu schreiben, was ich gerne mündlich in Rom noch ausführlicher gesagt hätte.

Im Namen sehr vieler möchte ich noch sehr inständig bitten, bei künftigen Bischofsernennungen in Österreich doch auch jene zu hören, die die Situation wirklich gut kennen, und dann nur solche Kandidaten in die engere Wahl zu ziehen, die ein hohes Maß an Akzeptanz beim Gottesvolk zu erwarten haben. Nur diese können ja wirklich gedeihlich für die Kirche arbeiten.

In großer Sorge um die Kirche hier in diesem Land und in meiner Heimatstadt Wien und im Gebet sehr oft mit Ihnen, Heiliger Vater, vereint, verbleibe ich in Treue und Ergebenheit und bitte um den besonderen Segen!

Helmut Krätzl

Die Antwort aus Rom kam knapp vier Monate später:

STAATSSEKRETARIAT
Nr.207.537

Aus dem Vatikan, am 23. Januar 1988

Sehr verehrter Herr Weihbischof!

Durch ein Versehen, für das ich um Ihre freund-
liche Nachsicht bitte, kann ich Ihnen erst
heute in hohem Auftrag den Empfang Ihres Schrei-
bens vom 30. September 1987 bestätigen, mit
dem Sie dem Heiligen Vater in Ergänzung zum vorausgegangenen Ad-limina-Besuch der österreichischen Bischöfe noch persönlich Ihre Überlegungen und Sorgen bezüglich des kirchlichen
Lebens in der Erzdiözese Wien dargelegt haben.

Hierzu darf ich Ihnen versichern, dass der
Heilige Vater von Ihren Ausführungen aufmerk-
sam Kenntnis genommen hat und der Anliegen
gern in seinem Gebet gedenkt. Mit besten per-
sönlichen Wünschen erteilt Seine Heiligkeit
Ihnen für fruchtbares bischöfliches Wirken im
Dienst Ihrer Erzdiözese und der Kirche von
Herzen den Apostolischen Segen.

Im Herrn verbunden bin ich
Ihr sehr ergebener
Card. Casaroli

Leben und Tod

Oder: Mein persönliches Schicksalsjahr 1994

1994 war für mich persönlich ein schicksalhaftes Jahr. Am 30. März 1994 starb Weihbischof Florian Kuntner, mein Mitbruder, der gemeinsam mit mir zum Bischof geweiht worden war und mit dem ich persönlich und kirchenpolitisch viel Freud und Leid geteilt hatte. Kuntner war immer der eher forsch nach vorwärts Schauende, ich im Vergleich ein wenig ängstlich. Bekannte erzählten mir, dass Kuntner beim Auszug nach unserer Bischofsweihe im Stephansdom 1977 gelächelt und gestrahlt habe. Ich dagegen hätte einen sehr ernsten Eindruck gemacht. Florian Kuntner war der charismatische, weniger der theologisch-reflexive. Er ist auch als Weihbischof zu offiziellen Anlässen mit dem Fahrrad gefahren. Das hätte ich nie getan, erstens, weil ich nicht so sportlich bin, zweitens aber auch, weil es mir zu showmäßig vorgekommen wäre. Einmal ist er zu einem Wallfahrtsgottesdienst eine Stunde zu spät gekommen, weil er beim Radfahren so viel Gegenwind gehabt hat. Unterwegssein war ein persönliches Merkmal von Florian Kuntner. Ein etwas boshaftes Bonmot sagte: „Der hält in der Früh, zu Mittag und am Abend eine Firmung." Dableiben und verweilen war nicht so seine Sache. Ich habe es dagegen immer für wichtig gehalten, nach einer Firmung noch mit den Firmlingen, den Eltern und Paten und vor allem mit den Firmhelfern beisammen zu sein.

Dass wir gemeinsam zu Weihbischöfen ernannt wurden, war eine der spontanen Entscheidungen von Kardinal Franz König. Er hat Kuntner nicht als Bischofsvikar zum Weihbischof gemacht, sondern ad personam. Vielleicht hatte das noch einen ganz anderen Grund. Der sozialistische Bürgermeister von Wiener Neustadt, mit dem Kuntner sehr gute Kontakte unterhielt, hatte schon länger darauf gedrängt, „dass wir wieder einen Bischof bekom-

men". Wiener Neustadt war ja bis zur Neueinteilung der österreichischen Bistümer unter Kaiser Joseph II. Bischofssitz gewesen.
Vielleicht war das für König auch ein Motiv. Sicher wollte er aber
auch uns beiden seine Anerkennung zeigen.

Als Bischofsvikar und Weihbischof stand Florian Kuntner für
eine Kirche, die offen ist für die Ängste und Sorgen der Menschen.
Mit der Übernahme der Missionsagenden weitete er unseren gemeinsamen Blick auf die Anliegen und Nöte der Entwicklungslän-
der. Kuntner war Jahrgang 1933, gut eineinhalb Jahre jünger als
ich. Er starb viel zu früh im 61. Lebensjahr. Ich war älter und war
noch am Leben. Das hat mich sehr nachdenklich gemacht.

Beim Auferstehungsgottesdienst für Florian Kuntner am 11.
April 1994 habe ich das Lebenswerk eines Freundes und Bischofs
gewürdigt:

Florian! In Deinem Testament hast Du gewünscht,
dass ich in Deiner Begräbnismesse die Predigt
halte, weil ich Dich, wie Du meintest, am besten kenne. Ich weiß nicht, ob das stimmt. Jedenfalls aber kenne ich Dich weit über 40 Jahre, schon seit dem Priesterseminar. 1969 sind
wir beide, gleichsam in Folge der Diözesansynode, in die Zentrale auf den Stephansplatz gerufen worden und haben dann viele Jahre hindurch gemeinsam versucht, Konzil und Synode
für die Diözese wirksam zu machen. 1977 hat uns
Kardinal König hier in diesem Dom unter freu-
diger Anteilnahme vieler zum Bischof geweiht.
Du hast Dir damals als Wahlspruch die Stelle
aus dem 2. Korintherbrief genommen: „Sorge für
alle Gemeinden" (2 Kor 11,28). Du hast von mir
in dieser Stunde sicher keine persönliche Lau-
datio erwartet. Es ist viel eher in Deinem
Sinn, noch einmal zusammenzufassen, was Dich

in Deinem Priester- und Bischofsleben besonders bewegt hat. Und Dein größter Wunsch ist
wohl, dass möglichst viele künftig in Deinem
Geist weiterarbeiten und zur Reife bringen,
was Du unermüdlich gesät hast.

Was waren denn seine Sorgen, die er uns hin-
terlässt, dass wir sie nun für ihn weitertra-
gen? Kuntners erste Sorge war, lebendige Gemeinden aufzubauen (...) Ich habe ihn bewun-
dert, fast beneidet, wie leicht es ihm fiel,
Menschen zu einem lebendigen Christsein zu motivieren. Es gelang, weil sie unter seiner
geistlichen und auch sehr menschlichen Begleitung Freude am Glauben und Freude an der Kirche fanden. Viele haben mir von den tiefen Er-
lebnissen der Glaubenskurse in Rocca di Papa
erzählt, von Einkehrtagen, die er sehr persönlich hielt, von Gebetsgruppen und Einzel-
gesprächen. An Kuntners Bahre frage ich mich,
warum es uns dann so selten gelingt, Freude am
Glauben und an der Kirche zu wecken? Ist nur
die säkulare Umwelt schuld, oder sind es auch
wir, die wir selbst zu wenig Glaubensfreude
ausstrahlen?

Kuntner war sehr gerne Priester, ich glaube
auch gerne Bischof, und doch blieb er allen
Bruder. Von einer geschwisterlichen Kirche hat
er nicht nur geträumt oder sie von anderen gefordert, sondern wie selbstverständlich ge-
lebt. Kein Wunder, dass aus seiner Nähe so etwas wie ein franziskanischer Geist ausgegangen
ist: einfach, froh, mit Christus und den Menschen eng verbunden und, wenn nötig, auch mutig im Kreuz. Ich frage mich, warum so viele an
uns Priestern und Bischöfen eher das Amt sehen, und nur selten den Bruder.

Jeder Mensch wird vom Umfeld seiner Kindheit

stark geprägt. Die kargen Felder einer Bergbauernfamilie erziehen zur Genügsamkeit, mit sieben Geschwistern teilen müssen lehrt Rücksichtnahme. Aber für Weihbischof Kuntner war sein soziales Engagement zutiefst auch Sache des Glaubens (...) Er hat sich hier im Lande für Arbeitslose eingesetzt und Asylanten und hat bei Botschaften aller Herren Länder protestiert und an ihre Regierungschefs geschrieben, wenn Menschenrechte grausam verletzt wurden. Unerwartet hart im Wort trat er dennoch auch in den schwersten Konflikten, wie im Golfkrieg, für gewaltlose Lösungen ein. Er ist für diese Art von Engagement von vielen kritisiert, von manchen sogar belächelt worden. Aber es schien ihm wichtig, die Forderungen des Evangeliums in ihrer ganzen Radikalität ernst zu nehmen (...) Im Blick auf Dein Lebenswerk, Florian, frage ich mich, ob wir die Botschaft des Evangeliums nicht zu sehr verharmlost haben. Einer Gesellschaft, die vielfach orientierungslos ist, verschweigen wir die herausfordernden Antworten aus dem Evangelium und haben seine Sprengkraft für die Veränderung der Welt ängstlich entschärft.

Weihbischof Kuntner ist quer durch die Welt gereist als Nationaldirektor der Päpstlichen Missionswerke und als Bischofsvikar für alle Anliegen der Mission und der Entwicklungshilfe in der Erzdiözese Wien. Es war kein „Pastoraltourismus", sondern er wollte in der persönlichen Begegnung die Solidarität der Ortskirche mit den Kirchen in der weiten Welt zum Ausdruck bringen. Er hat viele Freunde in der ganzen Welt gefunden und ist zum laut mahnenden Anwalt für die Bedürfnisse der Dritten Welt geworden. Der Wohlstandsgesellschaft hat er damit deutlich machen wollen, wie himmelschreiend das Gefälle von reich und arm ist und wie Besitz zum gerechten Teilen verpflichtet. Uns in der Kirche aber wollte er vor jeder Art von Eurozentrismus warnen und uns zeigen, welche neuen Wege die jungen Kirchen in der Dritten Welt der müde gewordenen Kirche in der alten Welt zu weisen imstande sind. Kulturelle Vielfalt, liturgischer Reichtum, neue theologische Denkansätze, der Mut, aus der Botschaft des Evangeliums das Leben in die Hand zu nehmen und auch gegen „sündhafte" Strukturen in der Gesellschaft anzukämpfen, waren für ihn ein Zeichen für das mannigfaltige Wirken des Geistes Gottes. Darum konnte er so empört sein, wenn Verantwortliche gleichsam in der Etappe solch wirklich christliches Engagement als politisch zu links abwerteten. Und die furchtbare Priesternot einerseits, der so rührende Einsatz von Frauen und Männern in Evangelisierung und Katechese andererseits ließ Kuntner schon von einer Kirche träumen, in der die einzelnen Charismen zum Wohl des Leibes Christi noch viel besser anerkannt und gefördert würden. Als Interpret des Missionsgeistes von Florian Kuntner frage ich mich, wie lange wir noch die jungen Kirchen einseitig belehren und ihnen unsere Tradition aufdrängen wollen und wann wir endlich dankbar erkennen werden, welche erneuernde Kraft für uns gerade aus den so lebendigen Kirchen anderer Kontinente ausgeht.

Ja, um die Erneuerung der Kirche ging es Weihbischof Kuntner allemal. Trotz aller Aktivität setzte er dabei zunächst auf eine Erneuerung aus dem Geiste. Er trug durch Jahre die Verantwortung für die spirituellen Bewegungen, lebte, betete und sang mit ihnen, aber bewahrte sie in

seiner Nüchternheit auch vor manchen Übertrei-
bungen. Gerade im Vertrauen auf den der Kirche
zugesagten Beistand des Heiligen Geistes war
Weihbischof Kuntner auch sehr offen für Erneuerungen der Kirche in ihrem Tun und ihrer Erscheinungsform. Er kämpfte für eine Kirche, wie
sie uns das Zweite Vatikanische Konzil tiefer
sehen lehrte. Eine Kirche, die die Zeichen der
Zeit erkennt, die den Dialog mit der Welt aus
der Zuversicht des Glaubens, aber auch im Respekt vor anderer Meinung führt, eine Kirche,
die dient und möglichst alles ablegt, was nach
Herrschaft aussieht, eine Kirche, die den Menschen Lasten abnimmt und nicht aufbürdet, die
heilt und tröstet, die sich ohne Rücksicht auf
den eigenen Vorteil für Arme, Schwache und Ge-
scheiterte zum Anwalt macht, eine Kirche, in
der die Barmherzigkeit die Strenge des Gesetzes
mildert und die Nähe des befreienden, erlösenden Gottes spürbar wird. Eine Kirche, die tatsächlich Zeichen und Werkzeug für die innigste
Vereinigung mit Gott, aber auch der Menschen
untereinander ist. (...)

Nuntius Donato Squicciarini, nach der Messe auf meine Predigt
angesprochen, war offenbar nicht ganz einverstanden. Er meinte,
das sei keine Predigt gewesen, sondern eine Demonstration!

Im Juni desselben Jahres hatte ich eine Priesterweihe in Innsbruck. Nachher bekam ich einen kleinen Kollaps. Man riet mir zu
einer gründlichen „Gesundenuntersuchung". Die ließ ich im Sommer bei den Barmherzigen Brüdern in Wien auch machen und der
Internist Professor Robert Willvonseder ordnete einen „General-
check" an. Dabei wurde ein bösartiger Tumor im Dickdarm entdeckt – manche würden wohl sagen, aus purem Zufall. Er hatte

noch nicht ausgestrahlt und die erforderliche Operation kam gerade noch rechtzeitig. Es war keine Nachbehandlung notwendig. Im Jahr darauf, 1995, wurde ich allerdings wieder mit der Diagnose Krebs konfrontiert. Dieses Mal war es ein Tumor auf der Niere. Ich schwebte nach der Operation in Lebensgefahr, aber ich habe überlebt. Damals und bis heute stelle ich mir oft die Frage: Warum musste Florian sterben und ich kam davon? Ich sehe seither das Leben als ein Geschenk und eine Aufgabe an. Ich hoffe, ich habe sie bis jetzt nach dem Willen Gottes genützt.

Der Fall Groer

Oder: Der erste Missbrauchsschock in der Kirche

Am 27. März 1995 erhob im Nachrichtenmagazin „profil" ein ehemaliger Schüler von Hans Hermann Groer schwere Vorwürfe gegen den Kardinal wegen – mehr als 20 Jahre zurückliegenden – sexuellen Missbrauchs von Jugendlichen. Es war Sonntagmittag, als Weihbischof Christoph Schönborn mich anrief. „Du wirst schon Bescheid wissen", sagte er. Ich erwiderte: „Ich weiß nichts." Daraufhin berichtete mir Schönborn in Kürze über die Anschuldigungen gegen Kardinal Groer. Abschließend meinte er: „Das ist eine Verfolgung wie in der Nazi-Zeit." Ich habe mich schwergetan, ohne nähere Kenntnis der Sachlage dazu Stellung zu nehmen. Ich wollte nicht von vornherein gegen Kardinal Groer sprechen. Denn ich stand ohnehin immer im Verdacht, ich sei ihm neidig, weil er in der Nachfolge von Kardinal König Erzbischof von Wien geworden war. Es ging aber nun darum, wer Sonntagabend im ORF-Fernsehen Stellung nehmen sollte. Ich war der dienstälteste Weihbischof, sagte allerdings zu Schönborn: „Geh du ins Fernsehen." So geschah es, und Schönborn wies zunächst alle Anschuldigungen zurück. Sehr bald aber erhärtete sich auch bei uns der Verdacht, an den Vorwürfen müsse leider etwas daran sein.

Wir haben Kardinal Groer geraten, sich entweder zu wehren bis hin zu gerichtlichen Klagen oder aber, wenn an den Beschuldigungen etwas dran sein sollte, sich zu entschuldigen. Groer hat sich dann – auf Anraten von Juristen – zum Schweigen entschlossen. Die Ereignisse haben sich kurz darauf in der Bischofskonferenz überstürzt. Diese ist – nach einem Studientag am Montag – von Dienstag, 4., bis Donnerstag, 6. April 1995, zu ihrer Frühjahrssession zusammengetreten. Das Mandat von Groer als Vorsitzendem der Bischofskonferenz lief turnusmäßig aus. Wir haben dem Kardinal daher geraten, er möge nicht mehr kandidieren, weil er den Vorsitz aus Altersgründen ohnehin nicht mehr eine ganze Periode – das waren sechs Jahre – würde ausüben können. Groer nahm diesen Vorschlag nicht an. So wurde eben neu gewählt.

Im ersten Wahlgang bekam der Grazer Diözesanbischof Johann Weber eine hohe Stimmenanzahl, allerdings nicht das erforderliche Quorum. Der zweite Wahlgang brachte ein ähnliches Ergebnis, die Stimmen für Weber nahmen zu. Vor dem dritten Wahlgang hat sich dann einer der Bischöfe überraschenderweise für eine Wiederwahl des bisherigen Vorsitzenden starkgemacht. „Wir können dem Kardinal das nicht antun", war sein Argument. Dann wurde Groer gewählt, knapp, aber mit der erforderlichen einfachen Mehrheit. Am selben Abend erfuhren es noch die Medien. Für viele war „unser" Vorgehen – Details wusste ja niemand – unverständlich.

Am nächsten Tag in der Früh sagte der Innsbrucker Diözesanbischof Reinhold Stecher: „Herr Kardinal, du musst zurücktreten." Groer erwiderte: „Das muss ich mit dem Heiligen Vater besprechen." Am Nachmittag entschloss sich Groer, als Vorsitzender der Bischofskonferenz zurückzutreten. Johann Weber wurde gewählt. Der 6. April 1995 gilt als Tag des Groer-Rücktritts und des Amtsantritts von Weber. Der ganze Vorgang war eine Blamage, die sich die Bischofskonferenz hätte ersparen können. Denn das Argument, dass Groer aus Altersgründen nicht mehr zur Wiederwahl angetreten sei, wäre ohne weiteres in der Öffentlichkeit vertretbar gewesen, ohne dass das eine Schuldzuweisung bedeutet hätte.

Nach der Bischofskonferenz gingen zwei Dossiers nach Rom, eines vom neuen Vorsitzenden Weber, ein anderes, so vermute ich, von Bischof Krenn. Der Vatikan hat sich der zweiten Darstellung angeschlossen, die den Kardinal als Opfer einer Medienkampagne darstellte. Schönborn hat eine Untersuchung der Vorwürfe in Rom angestrebt und wurde vom damaligen Präfekten der Glaubenskongregation, Kardinal Joseph Ratzinger, unterstützt. Aber Staatssekretär Angelo Sodano hat diese Untersuchung offenbar verhindert. Bereits am 13. April 1995 wurde Weihbischof Schönborn zum Erzbischof-Koadjutor mit dem Recht der Nachfolge ernannt. Ein halbes Jahr später trat Groer als Erzbischof von Wien zurück. Schönborn folgte ihm am 14. September 1995 nach.

Eine unmittelbare Folge der Ereignisse um Kardinal Groer war das Kirchenvolks-Begehren mit fünf programmatischen Punkten: 1. Aufbau einer geschwisterlichen Kirche, 2. Volle Gleichberechtigung von Frauen in allen kirchlichen Ämtern, 3. Freie Wahl zwischen zölibatärer und nicht-zölibatärer Lebensform, 4. Positive Bewertung der Sexualität als wichtiger Teil des von Gott geschaffenen und bejahten Menschen, und 5. Frohbotschaft statt Drohbotschaft. Diese Forderungen wurden vom 3. bis 25. Juni 1995 von 505.154 Menschen in Österreich unterzeichnet. Die fünf Themen waren nicht neu, meist schon auf Diözesansynoden vorgebracht. Aber die Causa Groer war für viele offensichtlich der letzte Anstoß zu unterschreiben. Dabei machte sich auch der Ärger über verschiedene Bischofsernennungen Luft.

Die Bischöfe antworteten auf dieses Begehren der Kirchenbasis im September 1996 mit der „Wallfahrt der Vielfalt" nach Mariazell. Unter dem Motto „Streiten und Beten" kamen 5000 Menschen zusammen; zahlreiche Diskussionsveranstaltungen fanden statt. Der Fall Groer blieb aber auf der Tagesordnung. Vor dem geplanten dritten Papstbesuch in Österreich vom 19. bis 23. Juni 1998 kam es am 27. Februar 1998 zu einer Aufsehen erregenden Erklärung von Kardinal Christoph Schönborn, dem Salzburger Erzbischof Georg Eder und den Diözesanbischöfen Johann Weber, Graz-Seckau, und Egon Kapellari, Gurk-Klagenfurt:

Wir, die unterfertigten Bischöfe, wenden uns im Einvernehmen auch mit anderen Bischöfen an die Katholiken Österreichs und bekunden unsere besondere Verbundenheit mit jenen, die an den jetzigen Problemen der Kirche schwer zu tragen haben (...)

Unsere Kirche verkündet eine anspruchsvolle Sexualmoral. Wenn ein Bischof schwerwiegender Verfehlungen gegen diese Moral zu Lasten von ihm anvertraut gewesenen jungen Menschen beschuldigt wird, dann genügt nicht eine Versöhnung in der Beichte. Vielmehr muss der Beschuldigte öffentlich und unzweideutig sagen, dass er unschuldig ist, oder öffentlich um Vergebung bitten, was meist auch mit einem Rückzug aus dem Amt verbunden sein wird. Kardinal Groer hat keine der beiden Möglichkeiten deutlich ergriffen. Die Einzigartigkeit dieser Situation hat sowohl die Österreichische Bischofskonferenz wie auch die Leitung der Weltkirche in Rom so unvorbereitet getroffen, ja gelähmt, dass es bisher zu keinem, die Öffentlichkeit überzeugenden Handeln gekommen ist.

Wir sind nun zur moralischen Gewissheit gelangt, dass die gegen Alterzbischof Kardinal Hans Hermann Groer erhobenen Vorwürfe im wesentlichen zutreffen. Sein Schweigen haben wir zu ertragen, können aber selbst nicht schweigen, wenn wir unserer Verantwortung für die

Kirche gerecht werden sollen. Wir fühlen uns zu
dieser Erklärung besonders verpflichtet, weil
ein Schweigen die Seelsorge der Kirche weiterhin durch den lähmenden Generalverdacht belas-
ten würde, der Ruf eines Kardinals sei der Kirche wichtiger als das Wohl junger Menschen. Wir
möchten auch den Heiligen Vater vor der bereits
öffentlich gemachten Behauptung schützen, er
dulde ein solches zweideutiges Verhalten.

Diese Erklärung über unseren Mitbruder fällt
uns im Wissen um seine Verdienste, sein Mühen
und sein Alter sehr schwer. Zugleich aber müssen wir an jene Menschen denken, die in ihrer
Jugend durch Verantwortliche der Kirche Schaden erlitten haben (...)

Bei der darauf folgenden Bischofskonferenz sagte Nuntius Donato Squicciarini, diese Stellungnahme habe den Heiligen Vater sehr
gekränkt. Hatte man in Rom entgegen einer so deutlichen Mei-
nungsäußerung von vier Bischöfen noch immer eher der Version
geglaubt, dass gegen Groer nur eine Medienkampagne inszeniert
worden sei? Die vier Bischöfe standen allerdings völlig einhellig zu
ihrer Haltung und verteidigten jeder in seiner Art die Unterschrift
unter dem gemeinsamen Brief.

Dialog für Österreich
Oder: Der letzte Akt einer synodalen Kirche

1998 hat sich die Österreichische Bischofskonferenz noch einmal
zu einem synodalen Vorgang aufgerafft. Der „Dialog für Österreich" war der Versuch, gesellschaftspolitische, kirchenpolitische

und pastorale Anliegen auf einer breiten Basis zu diskutieren und zu gemeinsamen Ergebnissen zu kommen. Der Mentor und Motor war Bischof Johann Weber, der für die angespannte Situation drei Jahre nach dem Fall Groer und dem Kirchenvolks-Begehren zwei vorzügliche Begabungen mitbrachte: über alle Gräben hinweg Harmonie zu schaffen und gegen den weit verbreiteten Frust gute Stimmung zu machen.

In diesem Dialogvorgang, der vom 23. bis 26. Oktober 1998 mit einer Delegiertenversammlung im Bildungshaus St. Virgil in Salzburg seinen Höhepunkt fand, waren alle inhaltlichen Positionen – von ganz „links" bis ganz „rechts" im kirchlichen Spektrum – vertreten. Das Diskussionspapier wurde von Ursula Struppe und Otto Friedrich erstellt. Es war eine Meisterleistung. Theologisch tief fundiert haben die beiden zu allen Fragen ein Pro und Kontra formuliert. Struppe und Friedrich gingen dabei in ihrer eigenen Denkweise wohl bis an den Rand des für sie noch Vertretbaren. Sie taten es aber, um so die Voraussetzung für eine möglichst breitgestreute Diskussion zu schaffen. Rund 280 von den Bischöfen ernannte Delegierte aus allen Teilen Österreichs nahmen an der Versammlung teil. In zwölf nach Themen geordneten Dialoggruppen wurden Voten zu theologischen und gesellschaftspolitischen Fragen erarbeitet, die das Meinungsbild der Delegierten spiegelten. So sprach sich etwa die Mehrheit der Teilnehmer für die Einführung des Frauendiakonats oder die Priesterweihe von bewährten verheirateten Männern aus. Zugleich wurden aber weitergehende Vorstellungen wie die Zulassung von Frauen zur Priesterweihe oder die Aufhebung des Pflichtzölibats zurückgewiesen.

Bereits im Frühjahr 1998 war Kardinal Christoph Schönborn zum Vorsitzenden der Bischofskonferenz gewählt worden. Er sollte daher auch die Delegiertenversammlung in Salzburg leiten. Der Kardinal ist aber am Tag vorher erkrankt, so dass dann doch wieder Bischof Weber in die Bresche springen musste. Ich möchte die Symbolhaftigkeit dieses Vorganges nicht überstrapazieren. Es war aber unabhängig davon allen klar, dass Bischof Weber in seiner Art ganz besondere Voraussetzungen für die Leitung dieses so heiklen „Dialogs für Österreich" hatte. Schon in seinem Eröffnungsreferat gelang es ihm, eine überraschend gute Stimmung zu erzeugen. Bei der Tagung selbst herrschte ein unerwartet gutes Gesprächsklima. Die allermeisten Resolutionen bekamen eine erstaunlich hohe Zustimmung. Ich selber war tief befriedigt, zeigte sich doch nach vielerlei Streit eine deutliche gemeinsame Verantwortung in einer schweren Stunde der Kirche in Österreich.

In einem Beitrag für die westösterreichischen Kirchenzeitungen hob Weber zehn Jahre danach die nüchterne Entschlossenheit hervor, „die Wirklichkeit des Glaubens in unserem Land anzuschauen, nicht wegreden, nicht wegfeiern zu wollen". Zugleich sei auch spürbar gewesen, dass die Liebe zur Kirche „auch im Zorn, in überstürzender Fantasie aufblühen kann, wehmütig und hoffnungsvoll zugleich". In Salzburg sei auch deutlich geworden: „Kirche ist mehr als Bischöfe und Experten. Da sind die vielen Frauen und Männer, jung und alt, vor allem auch zu ebener Erde, mit ihrer Freude und Trauer", schrieb Weber.

Schon in seiner Predigt zum Abschluss der Salzburger Delegiertenversammlung in Maria Plain hatte Bischof Weber eindringlich zur Weiterarbeit aufgerufen: „Unsere Kirche hat ein großes Kapital geschenkt bekommen. Das dürfen wir nicht vergeuden." Doch gerade diese Befürchtung trat ein. Die Weiterarbeit war schlecht. Anstatt den Dialog mit den Delegierten fortzusetzen, die ein repräsentatives Meinungsspektrum der Kirche in Österreich abgebildet hatten, haben die Bischöfe für die Weiterarbeit ihre Mitarbeiterinnen und Mitarbeiter selbst ausgesucht. Damit waren aber die Delegierten der Dialogversammlung von der Weiterarbeit weitgehend ausgeschlossen.

Der „Dialog für Österreich" im Oktober 1998 wurde nicht zu einem neuen Aufbruch, sondern kennzeichnete das Ende einer synodalen Ära der katholischen Kirche in Österreich. Ein schlechtes

Omen für die Weiterarbeit war bereits der unmittelbar folgende Ad-limina-Besuch im November 1998 in Rom. Dort kam es anstatt eines kräftigen gemeinsamen Auftretens zum Eklat. Der Rohentwurf des schriftlichen Ad-limina-Berichts, der auch eine Passage über den „Dialog für Österreich" enthielt, war vom Plenum der Bischofskonferenz abgesegnet. Die Endfassung hatten dann Kardinal Christoph Schönborn, Diözesanbischof Egon Kapellari und der Sekretär der Bischofskonferenz, Monsignore Michael Wilhelm, ausgearbeitet. Dieser endredigierte Text enthielt nur geringfügige Änderungen. Doch Weihbischof Krenn beschwerte sich heftig, weil er diesen letztlich in Rom vorgelegten Bericht nicht mehr gesehen habe. „Ich billige das nicht, ich habe den Bericht nicht erhalten", sagte Krenn und stellte sich damit öffentlich gegen den Vorsitzenden der Bischofskonferenz. Der entsprechende Unmut von Kardinal Schönborn sorgte für Schlagzeilen in der österreichischen Presse. Trauriger Höhepunkt der Auseinandersetzung war die Bemerkung von Kurt Krenn vor laufender ORF-Kamera: „Die Lügner sollen das Maul halten." Von Rom heimgekehrt ging der Streit in der Bischofskonferenz weiter. Krenn machte vor allem Msgr. Wilhelm den Vorwurf, nicht korrekt vorgegangen zu sein. Dies stimmte nicht, weil er zusammen mit dem Vorsitzenden und dessen Stellvertreter gehandelt hatte. Da aber Wilhelm im Plenum zu wenig Verteidigung erfuhr, legte er aus Protest sein Amt als Sekretär der Bischofskonferenz nieder.

In der Folge ist es dann nicht mehr zu einer weiterführenden Diskussion, insbesondere der sogenannten heißen Eisen, gekommen. Allzu schnell hat man diese mit Berufung auf römische Aussagen dazu für derzeit unlösbar erklärt. Damit war ein Weiterdenken auch in der so moderaten Weise ausgeschlossen, wie es die Resolutionen der Delegiertenversammlung in Salzburg angedacht hatten. Ich habe einem Bischof damals gesagt. „Du darfst nicht gleich in Rom fragen, was dort zum Thema schon gesagt worden ist, das wissen wir ja ohnehin selbst. In Mitverantwortung mit der Weltkirche müssten wir uns jetzt zuerst selbst eine Meinung bilden und dann diese gegebenenfalls in Rom einbringen und verteidigen."

Was ist schuld an dieser defensiven, unselbständigen Haltung mancher Bischöfe? Bei den Diözesanbischöfen herrscht weitgehend die Sorge vor, ihre eigene Diözese durch die akuten seelsorglichen Engpässe zu führen. Eine Vernetzung in der Bischofskonferenz, die gar zu einem gemeinsamen Auftreten in Rom führen könnte, findet nicht statt. Die wenigen reformorientierten Persönlichkeiten werden von einem kleinen, aber höchst aktiven konservativ-traditionalistischen Netzwerk eingeschüchtert. Dreh- und Angelpunkt dieses Netzwerkes sind die Nachrichtenagenturen kath.net und kreuz.net, die der Vatikan aufmerksam verfolgt. Dadurch entsteht ein völlig einseitiges Bild der katholischen Kirche in Österreich. Es ist heute beinahe wieder so wie in den 1980er-Jahren: Eine kleine Gruppe macht die österreichische Kirche in Rom schlecht. Offenbar haben wir Bischöfe noch nicht gelernt, uns dagegen zu wehren und uns sowie die tatsächliche Lage in den Diözesen ins rechte Licht zu rücken.

Wie es hingegen ganz anders schon einmal gewesen ist und wie es wieder sein könnte, wurde Anfang 2011 anlässlich des 40-Jahre-Jubiläums der Eröffnung der Würzburger Synode (1971–1975) in Erinnerung gerufen. Diese Versammlung der deutschen Bistümer hat schon damals „heiße Eisen" wie den Pflichtzölibat diskutiert. Der Papst wurde ersucht, die Weihe von Diakoninnen zu ermöglichen. Den Pastoralreferenten und -referentinnen wurde mit römischer Genehmigung „ad experimentum" die Homilie auch innerhalb der heiligen Messe erlaubt. Die Synode sollte das Zweite Vatikanische Konzil (1962–1965) umsetzen – hinein in eine Gesellschaft, die geprägt war von gewaltigen Umbrüchen und Ereignissen: Vietnamkrieg, 68er-Bewegung, sexuelle Revolution und Liberalisierung. Alle 58 Bischöfe, 88 Priester, 30 Ordensleute und 141 Laien hatten in Würzburg gleiches Stimmrecht. Der Papst hatte diese Ausnahme vom Kirchenrecht genehmigt.

Der Vizepräsident des Zentralkomitees der deutschen Katholiken, Walter Bayerlein, äußerte 40 Jahre danach seine Überzeugung, dass die Würzburger Synode auch heute ein Vorbild für Reformprozesse in der katholischen Kirche sein könnte. „Für mich war es eine wesentliche Erfahrung, wie Kirche sein kann, ja muss: Dass man ohne Fraktionsbildung, unabhängig vom Stand – Männer und Frauen, Bischöfe, Laien und Ordensleute – auf Augenhöhe Argumente austauscht und kontrovers debattiert, ohne verletzend zu sein." Es sei bedauerlich, dass diese gemeinsame Form der Entscheidungsfindung nicht stilbildend geworden ist, schrieb der Jesuit Wolfgang Seibel in seiner 40-Jahre-Bilanz in den „Stimmen der Zeit" (Nr. 1/2011). Es sei beeindruckend gewesen, wie viel Sachverstand da zusammengesessen sei. Angesichts völlig neuer Aufgaben „sollte sich die katholische Kirche so etwas auch heute nicht entgehen lassen". In den ersten Jahrhunderten der Kirchengeschichte seien alle wichtigen Fragen gemeinsam beraten und entschieden worden. „Aber die heutige Kirchenführung blendet dieses gute Stück der Tradition aus."

III. Mein Leben für Bildung und Ökumene

Offene Erwachsenenbildung
Oder: „Die machen ja nur mehr Ikebana"

Neben anderen Aufgaben wurde mir in der Bischofskonferenz auch das Referat für Erwachsenenbildung übertragen. Ich habe das nie nur nebenbei betreut, sondern als eine zentrale Aufgabe meines bischöflichen Wirkens gesehen. Ich kann gut reden und theologische Sachverhalte verständlich darstellen. Durch diese Begabung, die ich mitbekommen habe, bin ich auch über Österreich hinaus vielfach zu Vorträgen eingeladen worden, z. B. in die Schweiz, nach Deutschland oder nach Südtirol. Dass ich mich in der Erwachsenenbildung so reich habe entfalten können, mag eine gütige Fügung des Schicksals gewesen sein: Wäre ich Erzbischof von Wien geworden, hätte ich zweifellos diese große Freiheit nicht gehabt – sowohl was die Zeit als auch was die Themen und ihre inhaltliche Aufbereitung betrifft.

Als Referent für die Erwachsenenbildung hatte ich vor allem auch die Wiener Theologischen Kurse, den theologischen Fernkurs und die kirchlichen Bildungshäuser und Bildungswerke in der Bischofskonferenz zu vertreten. Darüber gab es früher, in den 1960er- und 1970er-Jahren, kaum ideologische Auseinandersetzungen. Die Persönlichkeitsbildung und die theologische Bildung für Laien wurden weithin anerkannt. Strittig war allenfalls immer wieder die Finanzierung. Ab Mitte der 1980er-Jahre, also nach dem Rücktritt von Kardinal König, hat sich diesbezüglich das Klima in der Bischofskonferenz verschärft. So musste ich mehrfach die theologische Linie der Theologischen Kurse verteidigen. Ein Grund war, dass manche Hörer Aussagen der Referenten missverstanden oder sie vielleicht sogar bewusst entstellt haben und sich dann bemüßigt fühlten, „zur Wahrung des rechten Glaubens" bei einigen Bischöfen Klage zu führen. Offenbar auf diese Weise einseitig informiert, hat z. B. Bischof Kurt Krenn Vorlesungen über Fundamentaltheologie kritisiert. Erst nach Vorlage des Skriptums und eines Gutachtens des Ordinarius für Fundamentaltheologie in Wien (der übrigens aus St. Pölten kam) konnte ich die Vorwürfe entschärfen.

Einwände bezüglich der theologischen Linien kamen fallweise auch von Kardinal Christoph Schönborn. Für Kritiker war er als Vorsitzender der Bischofskonferenz natürlich die oberste Anlaufstelle. Wir organisierten dann ein Treffen aller Vortragenden mit ihm. Sie haben dabei so überzeugend ihre theologischen Positionen dargelegt, dass der Kardinal merkte, auf welch hohem Niveau in den Kursen die legitim weiterentwickelte Theologie wiedergegeben wird. Viele Referenten dozierten ja auch an der Theologischen Fakultät in Wien. Und seit jeher hat Margarete Schmid, die die Theologischen Kurse gegründet hatte, immer eine sehr kritische Auswahl ihrer Dozenten getroffen. Das haben wir auch nach ihrer Pensionierung in ihrem Sinn weiter aufrechterhalten. Nicht wenige ihrer Referenten sind übrigens später Bischöfe geworden.

Umstritten war in der Erwachsenenbildung häufig das Programm katholischer Bildungswerke und Bildungshäuser. „Die machen ja nur mehr Ikebana", war ein pointierter Einwand in der Bischofskonferenz. Dahinter stand das Unbehagen mancher Bischöfe, dass in der kirchlichen Erwachsenenbildung die Verkündigung und die theologische Bildung der Laien zu kurz komme und hauptsächlich Kurse angeboten würden, die es auch in den Programmen der öffentlichen Erwachsenenbildung gebe. Das zeigte aber, dass manche Bischöfe katholische Erwachsenenbildung zu eng und einseitig sahen. Sie meinten, es ginge hier vor allem oder gar ausschließlich um „theologische Erwachsenenbildung", die aber in Wahrheit nur ein Bereich ist. Im umfassenden Sinn geht es um den ganzen Menschen. Bildung soll ihm eine Hilfe sein, „mehr Mensch zu werden", wie es der Nestor der österreichischen Erwachsenenbildung Ignaz Zangerle gerne nannte. Also Menschen anzuregen, über sich selbst nachzudenken, ihr Selbstbewusstsein zu wecken, eigene kreative Fähigkeiten zu entdecken und ihnen Hilfe für das Leben insgesamt anzubieten. Freilich steht hinter alle dem ein christliches Welt- und Menschenbild, ohne aber dabei andere Lebensdeutungen gering zu achten.

Insgesamt habe ich das Bemühen der kirchlichen Erwachsenenbildung, den Horizont zu weiten, immer verteidigt. Denn nur dadurch ist es möglich, auch Berührungspunkte mit Menschen zu schaffen, die sonst zur Kirche aus welchem Grund auch immer auf Distanz stehen. Die Erwachsenenbildung kann und muss durch die Öffnung zur Kultur, zu gesellschaftspolitischen Fragen oder zu aktuellen Trends in der spirituellen Bildung auch in Kreise hineinwirken, die nicht zum Intensivsegment der sonntäglichen Kirchenbesucher gehören. Diese Offenheit hat das Ansehen der kirchlichen Erwachsenenbildung im Konzert der öffentlichen Bildungseinrichtungen sehr gestärkt. Im staatlichen österreichischen Verbund aller Einrichtungen der Erwachsenenbildung haben die kirchlichen Bildungshäuser und Bildungswerke einen ganz hohen Stellenwert, worauf wir immer sehr stolz waren.

Wie auch auf anderen Gebieten war natürlich die Geldfrage immer mit entscheidend. Das betraf vor allem den Betrieb von Bildungshäusern. Aus finanziellen Gründen haben wir etwa in Wien zum Bedauern vieler das so schöne Bildungshaus Neuwaldegg zugesperrt. Gerade bei den Finanzdebatten stellte sich immer wieder die Grundsatzfrage: Gehört die Erwachsenenbildung zum Kerngeschäft der Kirche, oder ist es ein zusätzlicher Bereich, den man bei Geldnot am ehesten opfern könnte?

In meiner Tätigkeit innerhalb der Erwachsenenbildung war ich vor allem auch in Deutschland gut bekannt. Das hatte mehrere Gründe. Einmal, weil ich Mitglied der FEECA war, der Europäischen Föderation katholischer Erwachsenenbildung. Zum anderen, weil ich durch mein Buch „Im Sprung gehemmt" zu vielen Vorträgen über das Konzil eingeladen worden bin. Schließlich aber, weil man bewunderte, dass es in der Österreichischen Bischofskonferenz in meiner Person einen eigenen Referenten für Erwachsenenbildung gab. In der Deutschen Bischofskonferenz wird dieser Bereich nur zusammen mit anderen Belangen betreut. Das war auch der Grund, warum ich im Mai 2003 nach München zur Mitgliederversammlung der KLE, der Katholischen LehrerInnen und ErzieherInnengemeinschaft, in die Katholische Akademie in Bayern eingeladen worden bin. Ich habe dort unter dem Titel referiert „Kirchliche Erwachsenenbildung – Stiefkind oder Kerngeschäft der Kirche?" Um die Wichtigkeit, ja Unverzichtbarkeit der kirchlichen Erwachsenenbildung zu unterstreichen, habe ich unter vielem anderen auch wie folgt die wichtigsten Ziele katholischer Erwachsenenbildung skizziert. Und die sind:

```
1. Hilfe zum Menschwerden
Der postmoderne Mensch leidet unter einer viel-
fachen Destabilisierung, die ihn verängstigt
und vorschnell offen macht für vereinfachende
Antworten. Verkürzung in jedweder Richtung be-
deutet „Verbildung". Bildung dagegen ist Hilfe
zur Menschwerdung, zur Entfaltung einer reifen
Persönlichkeit, die trotz aller Wechselfälle
des Lebens innere Stabilität ermöglicht. Vor-
```

rangig geht es um die Ermutigung, zum eigenen Leben Ja zu sagen, die eigenen Fähigkeiten und Grenzen zu entdecken, aber auch Mut und Freude an Kreativem zu wecken. Der Weg dahin kann vielfältig sein. Es passt aber sehr wohl in kirchliche Erwachsenenbildung, wenn etwa in einem Prämonstratenserstift in Niederösterreich im Sommer in einem umgebauten alten Stadel Malkurse angeboten werden. Die Menschen, meist der Kirche Fernstehende, kommen zuerst um der Gemeinschaft willen, aber dann vor allem wegen der Freude, sich im Malen selbst neu erleben zu können. Das alles aber ereignet sich im Kontext klösterlichen Lebens, wobei noch zugutekommt, dass der Abt dort selbst „doctor artium" ist und sein Kloster für alle offenhält.

Zum vollen Menschsein gehört, seinen Eigenstand inmitten einer Massengesellschaft zu finden. Besonders notwendig in der überwältigenden Informationsgesellschaft ist Unterscheidungs- und Kritikfähigkeit. Bildung zielt darauf ab, Zusammenhänge sehen zu lernen, Wandelbares und Unwandelbares unterscheiden zu können. Übrigens ist nur der Selbstbewusste, Selbständige eine Bereicherung in einer pluralen Gesellschaft. Dies gilt wohl auch für die Kirche, die nicht bloß zu „gehorsamen Söhnen und Töchtern" erziehen darf, sondern reife, selbständige Christen auszubilden hätte. Aus dieser „Über-Sicht" über die Gesellschaft, aber auch im Erkennen der eigenen Fähigkeiten wird die Erwachsenenbildung zu gesellschaftspolitischer Verantwortung motivieren und dafür zurüsten. Kirchliche Erwachsenenbildung hat damit eine sehr wichtige politische Komponente. Dabei wird das Unterschiedliche kirchli-

cher Erwachsenenbildung immer sein, Menschen
zu helfen, über das Irdische hinaus zu denken
und Gott als tragendes Lebenskonzept zu entdecken. Christliche Erwachsenenbildung wird zum
Dienst am Menschen, wenn sie mit allem Nachdruck deutlich macht, dass der Mensch nicht
nach der Nützlichkeit für Gesellschaft und
Markt einzuschätzen ist, sondern als „Imago
Dei", als Bild Gottes, eine je einmalige Würde
hat.

2. Reflexion des Glaubens
Nach dem Abschmelzen des christlichen, katholischen Milieus ist es mehr als bisher nötig,
sich des eigenen Glaubens zu vergewissern. Er
kann nur tragfähig sein für das Leben, aber
auch nur dann Andersgläubigen gegenüber be-
zeugt werden, wenn aus dem Kinderglauben ein
Erwachsenenglauben geworden ist. Die Zahl der
Theologiestudenten bei uns wächst, theologische Kurse verschiedener Art boomen. Damit ist
nicht Katechese gemeint, sondern die Auseinandersetzung mit Theologie auf einem hohen in-
tellektuellen Niveau. Gerade die Krisen, in
die die Kirche in den letzten Jahrzehnten gekommen ist, fordern für die innerkirchliche
Auseinandersetzung, aber auch für die Beurteilung kirchlicher Vorgänge ein vertieftes theologisches Verständnis. Würde die theologische
Bildung wachsen, wäre der innerkirchliche Disput sachlicher und weniger polemisch, gäbe es
weniger überzogene Erwartungen an die Kirche,
aber andererseits auch theologisch fundierte
Anmahnungen, wohin sich Kirche etwa erneuern
müsste.
 Freilich kann es dadurch zu Problemen mit
der jeweiligen Kirchenleitung kommen, vor al-

lem, wenn verschiedene theologische Denkrich-
tungen aufeinanderprallen oder lehramtliche
Aussagen zu eng interpretiert werden. Aber gerade darin sehe ich auch eine notwendige Aufgabe der Erwachsenenbildung, solche Konflikte
offen, redlich und theologisch gut argumentiert auszutragen. Es gilt nicht nur von der
Kirche als „Mater et Magistra" zu lernen, sondern auch mit der Kirche zu lernen. Kirche ist
insgesamt immer eine „lernende Kirche". Lern-
bereit, die Zeichen der Zeit besser zu erkennen, zu lernen auch von der Welt, von ihrer
Sehnsucht und ihren unerfüllten Hoffnungen,
von ihrer Kenntnis über den Menschen und seiner Psyche, von den Wissenschaften je in ihrer
Eigenständigkeit.

Zunehmend brisant wird theologische Erwachsenenbildung als Voraussetzung für ein fruchtbares interreligiöses Gespräch. Die Angst vor
fremden Religionen, vor allem vor dem Islam,
rührt einerseits von einer sehr mangelhaften
theologischen Bildung her, die meist auf dem
Schulniveau stecken geblieben ist, und andererseits aus der eigenen Glaubensunsicherheit.
Da aber gerade Multireligiosität und Multikul-
turelles zunächst den inneren Frieden so sehr
zu bedrohen scheinen und oftmals politisch
ausgenützt werden, wären hier die Kirchen in
besonderer Weise aufgerufen, zur theologischen
Aufarbeitung beizutragen, weil man ein so emi-
nent theologisches Problem nicht allein Politikern überlassen kann. In diesem Kontext geht
es ganz besonders um eine sich gesellschaft-
lich einbringende und einmischende Bildungsar-
beit der Kirche.

3. Deutung der Welt

In der Flut der Informationen gibt es heute zahllose Deutungsmöglichkeiten von Welt und Mensch, die wie auf einem Markt gleichwertig oder sogar gleichgültig angeboten werden. Christliche Erwachsenenbildung bekennt sich dazu, die Welt, den Menschen, sein Woher und Wohin aus der Bibel und der Glaubenserfahrung heraus zu deuten. Sie maßt sich dabei nicht an, damit die einzig mögliche Weltsicht zu geben, bietet aber eine Sicht, die im Leben und in der Geschichte glaubender Christen erprobt ist. Sie nimmt für sich die Kompetenz in Anspruch, mit dem Leben als einem bedeutungsvollen Ganzen umzugehen. Wer aufs Ganze ausgreift, übt sich ein in das der Religion eigentümliche dialektische Weltverhältnis als einen Ausdruck des menschlichen Empfindens, „auf dieser Erde nicht ganz zu Hause" zu sein (Heinrich Böll). Das freilich bedeutet auch Provokation und Irritation, weil christliche Erwachsenenbildung die Heilshoffnung wach hält inmitten eines Konsumkapitalismus. Sie rüttelt auf und bildet Allianzen in der Zivilgesellschaft jenseits des politischen Mainstreams.

4. Begegnung mit der Kunst und ihrer prophetischen Schau

Die Begegnung mit der Kunst scheint der Kirche heute besonders schwerzufallen. Zu oft ist sie irritiert von ihren Themen, ihrer Freizügigkeit, ihrer Provokation. Dadurch läuft die Kirche Gefahr, hinter der Zeit zurückzubleiben. Denn Kunst zeigt immer auch in die Zukunft. Missionarische Kirche muss Künftiges vorausahnen und dort präsent sein, wo solches auch geschieht.

Ein Dialog mit Kunst und Künstlern muss vorurteilslos beginnen, respektvoll, bereit, auf beiden Seiten zu lernen. Ein Beispiel: Vom 18. bis 21. April 2002 luden die Deutsche Bischofskonferenz und das Zentralkomitee der deutschen Katholiken zu einem Werkstattgespräch auf Schloss Hirschberg ein zum Thema „Neue Musik zwischen künstlerischer Autonomie und kirchlicher Erwartung". Es war ein Gespräch zwischen Bischöfen, Künstlern, Kunstexperten, Vertretern von Kirche und Kultur. Es wurde drei Tage lang live musiziert, dazwischen aber auch gemeinsam gegessen, „Liturgie" gefeiert und bis in die Nacht hinein gesprochen. Mir schien dies ein nachahmenswertes Modell, mit Kunstschaffenden in den Dialog zu kommen, ohne andere Zwecksetzung, als kennen zu lernen, was jeder meint.

Der Dialog, soll er Sinn haben, muss auch kritisch sein. Solches darf einen die Kunst, die für sich zu Recht immer Freiheit fordert, nicht verwehren. Er muss aber auch selbstkritisch sein. Er wird auch ein bekennender Dialog sein, der mutig nennt, was einem selbst heilig ist und man nicht verletzt haben will. Solch offener Dialog wäre wirksamer als mancher Versuch strafrechtlicher Verfolgung.

Eine besonders wichtige Begegnung scheint mir jene mit Literatur zu sein. Es gibt heute keine sogenannte religiöse Literatur mehr wie vor und gleich nach dem Zweiten Weltkrieg. Innerkirchlich boomt Meditationsliteratur. Außerkirchlich wird höchstens kritisch bis polemisch über Kirche geschrieben. Das Gespräch mit zeitgenössischen Schriftstellern ist überaus schwierig. Vielleicht gibt es eine verbindende Brücke über die Bibel, an der erstaunlicherweise kaum ein Schriftsteller oder Dichter vorbeikommt. Bertolt Brecht antwortete schon 1928 auf eine Zeitungsumfrage, welches sein stärkster literarischer Eindruck gewesen sei, mit dem lapidaren Satz: „Sie werden lachen: die Bibel". In der modernen Literatur sind erstaunlich viele biblische Figuren präsent. Insgesamt geht es den Autoren unserer Zeit um menschliche Probleme, die an diesen Figuren prägnant aufleuchten und durch den Bezug zur Bibel in einen großen Rahmen gestellt werden. Die Verwendung dieser Stoffe ist sehr unterschiedlich. Sie reichen von Paraphrasierung, Aktualisierung, Verfremdung über Umdeutung und Transfiguration oder freier dichterischer Gestaltung bis hin zur Parodierung.

Die moderne Literatur kann uns Vorbild sein, in welcher Sprache heute das Wort Gottes zu verkünden sei. Die moderne Literatur eröffnet uns durch ihre eigene Schau ganz neue Einblicke und Deutungsmöglichkeiten, weit über klassische Exegese hinaus. Und die Provokation der modernen Literatur im Umgang mit der Bibel müsste uns Anlass sein zu erforschen, was wohl hinter solcher Deutung steckt, welche unerfüllten Sehnsüchte oder auch welche Enttäuschungen die Dichter mit Kirche und einer bisweilen unglaubwürdigen, viel zu wenig erlösenden Verkündigung erlebt haben. Kurt Marti hat diese Herausforderung einmal in seiner Weise auf einen kurzen Nenner gebracht, wenn er sagt: „Vielleicht hält Gott sich einige Dichter (ich sage mit Bedacht: Dichter!), damit das Reden von ihm jene heilige Unberechenbarkeit bewahre, die den Priestern und Theologen abhandengekommen ist."

Das ganze Referat ist dann mehrfach publiziert worden und hat zu vielen weiterführenden Diskussionen angeregt und wie ich hoffe, auch den Stellenwert der Erwachsenenbildung in manchen Diözesen neu gestärkt.

Streitfall Religionsunterricht
Oder: Von Groer unterstützt, von Schönborn alleingelassen

Schwieriger war in der Bischofskonferenz mein Stand als „Schulbischof". Nach dem österreichischen Recht sind Lehrpläne und Schulbücher Bundessache, fallen also nicht in die Kompetenz der Länder, wie in Deutschland. Das gilt auch für das Unterrichtsfach Religion. Daher mussten Lehrpläne und Schulbücher für den Religionsunterricht jeweils von der Bischofskonferenz für ganz Österreich approbiert werden. Dass es dabei zu beachtlichen Meinungsverschiedenheiten kam, hatte mehrere Gründe. Ende der 1970er-Jahre war es im deutschen Sprachraum zu einem Umdenken hinsichtlich des Ansatzes des Religionsunterrichtes gekommen. Man wollte nicht mehr wie bisher von der Lehre ausgehen, sondern vom Leben der Schüler. Es wurde also bewusst ein anthropologischer Ansatz betont. Dafür hatte die Gemeinsame Synode der Bistümer in der Bundesrepublik Deutschland 1975 in Würzburg wegweisende Beschlüsse gefasst, die bis heute weitgehend akzeptiert werden. Verkürzt zusammengefasst zog man in Würzburg folgendes Resümee:

```
Als neuer Ansatz für den Religionsunterricht
ergibt sich:
- Er weckt und reflektiert die Frage nach Gott,
  nach der Deutung der Welt, nach dem Sinn und
```

Wert des Lebens und nach den Normen für das Handeln des Menschen und ermöglicht eine Antwort aus der Offenbarung und aus dem Glauben der Kirche;

- er macht vertraut mit der Wirklichkeit des Glaubens und der Botschaft, die ihm zugrunde liegt, und hilft, den Glauben denkend zu verantworten;
- er befähigt zu persönlicher Entscheidung in Auseinandersetzung mit Konfessionen und Religionen, mit Weltanschauungen und Ideologien und fördert Verständnis und Toleranz gegenüber der Entscheidung anderer;
- er motiviert zu religiösem Leben und zu verantwortlichem Handeln in Kirche und Gesellschaft.

Mit dieser Zielsetzung hatte man auch ein Argument gefunden für die Berechtigung eines konfessionellen Religionsunterrichtes im Schulwesen eines neutralen Staates und einer immer pluraler werdenden Gesellschaft. Zur selben Zeit hat sich auch in der Wissensvermittlung an den Schulen vieles geändert. Auf den Religionsunterricht übertragen waren Bücher nicht mehr die einzigen Arbeitshilfen, sondern eine unter vielen. Sie waren nicht mehr in erster Linie Lehr- und Lernbücher, sondern sollten für die gestellten Fragen das Interesse der Schüler wecken und unterschiedliche Antworten anbieten. Lehrpläne waren nicht mehr wie früher Lektionspläne, sondern unterschieden zwischen Pflicht- und Wahlstoff. In den Klassen saßen nicht mehr großteils kirchlich sozialisierte Kinder und Jugendliche, sondern in der Mehrheit, wie auch draußen in der Gesellschaft, zweifelnde und suchende junge Menschen.

In Österreich gab es keine mit Würzburg vergleichbaren gemeinsamen Beschlüsse. Die Verantwortung für die Vorbereitung von Lehrplänen und Schulbüchern hatte die Versammlung aller Schulamtsleiter der Diözesen, der ich als „Schulbischof" vorstand. Neue Religionsbücher, die wir auf Grund der Gratisschulbuchaktion in Österreich durchaus öfter neu auflegen konnten, durchliefen eine gründliche Prüfung durch eine interdiözesane Lehrbuchkonferenz, die ich oft tagelang kritisch begleitet habe. Erst dann habe ich die von den Schulamtsleitern „abgesegneten" Entwürfe der Bischofskonferenz zur Approbation vorgelegt. Hier entzündete sich die Kritik oft an Kleinigkeiten. Es sei in diesem oder jenem Buch nicht die „vollständige Lehre der Kirche" zum Tragen gekommen. Es gebe zu wenig Wissensvermittlung. Eine große Hilfe hatte ich dabei an Kassian Lauterer, dem Abt des „gefreiten" Stiftes Mehrerau. Er hat selbst fast bis zum Ende seiner aktiven Laufbahn im Gymnasium Religion unterrichtet. Der Abt argumentierte gerne: „Wenn die Kinder und Jugendlichen das alles wissen, was in diesen Büchern steht, dann wäre das eine ganz ausgezeichnete Grundlage für ihre Kenntnis des Christentums und ihren persönlichen Glauben." Auch Kardinal Groer unterstützte mich tatkräftig. War er doch durch Jahrzehnte ein von vielen Schülern geachteter Religionsprofessor in Hollabrunn gewesen.

Diskussionen entzündeten sich etwa um die Hinführung zum Eucharistieverständnis. In den Religionsbüchern wurde zunehmend zuerst von lebensweltlichen Fragen ausgegangen: Was ist Brot, wo kommt es her, was symbolisieren die vielen Körner, die zu dem einen Laib werden. Salzburgs Erzbischof Georg Eder, der selbst mehr als dreißig Jahre in seiner Pfarre in Altenmarkt in der Pflichtschule Religion unterrichtet hatte, wendete ungeduldig ein: „Hört doch endlich auf mit diesen Nebensächlichkeiten. Wir müssen den jungen Menschen Christus verkünden." Hier erlebten wir einen Katecheten alter Schule, der wohl viele Jahrgänge in seiner Art auf die Erstkommunion vorbereitet hatte, neue Ansätze aber als eine „Verweltlichung" ansah. Ein anderes Mal hatte ein Religionsbuch Ärgernis erregt, weil die Weltreligionen mit gleich großen Symbolen dargestellt worden waren. „Das relativiert doch den Wahrheitsanspruch des Christentums", wendete ein Bischof ein.

Für die Approbation der Religionsbücher war in der Bischofskonferenz meist nur kurze Zeit anberaumt, oft gegen Ende der Sitzungen. Ich hatte die neuen religionspädagogischen Ansätze unter Zeitdruck zu referieren und zu verteidigen, die von den einzelnen Bischöfen sehr unterschiedlich angenommen worden waren. Eine tiefer greifende Debatte war also nicht möglich und wurde offenbar auch gar nicht gewünscht. Dreimal habe ich große Symposien zum Religionsunterricht mit namhaften Referenten veranstaltet und dazu auch alle Bischöfe eingeladen. Bei diesen Gelegenheiten ist es kaum zu kritischen Auseinandersetzungen gekommen. Ich habe auch immer wieder gebeten, dass die Bischöfe zu Hause mit ihren Schulamtsleitern rechtzeitig über die Entwürfe neuer Bücher reden sollten. Diese waren es ja, die in großer Erfahrung und auch mit großem Verantwortungsbewusstsein die Vorlagen gutgeheißen hatten. Meine Bemühungen hatten aber wenig Erfolg.

In der breiten Öffentlichkeit gab es oft mehr Interesse an den neuen Ansätzen des Religionsunterrichtes als in der Bischofskonferenz selbst. So lud mich im April 1994 der damalige Präsident des Wiener Stadtschulrates Kurt Scholz ein, über den modernen Religionsunterricht zu referieren. Ich kam also in den „roten" Stadtschulrat und war über die große Teilnehmerschaft überrascht. Der Vortrag musste in zwei große Säle simultan übertragen werden und wurde später als richtungweisend publiziert. Ich versuchte unter anderem auf folgende Weise die neuen Ansätze des katholischen Religionsunterrichtes zu erklären:

1. *Ein Religionsunterricht, der Schülerinnen und Schülern in erster Linie hilft, ihre Identität zu finden, selbstbewusst zu werden und ihr Lebenskonzept zu entwickeln*: Das ist ein klares Ja zu einem anthropologischen Ansatz des Religionsunterrichts, der nicht von der Lehre ausgeht, sondern vom Leben der Schüler, der also biographisch orientiert und erfahrungsbezogen angelegt ist. Im Religionsunterricht geht es nicht darum, den Schülern eine bestimmte Sinndeutung aufzuzwingen, sondern ihnen zuerst zur Frage nach dem eigenen Sein zu verhelfen und ihnen dann aus der Welt des biblischen Glaubens und dem durch die kirchliche Gemeinschaft überlieferten Glauben, der durch das Leben erprobt ist, Lebensentwürfe und Daseinsorientierungen anzubieten. Dazu kommt die mögliche Eröffnung einer Begegnung mit Gott als erzieherische Aufgabe, die der Tübinger Religionspädagoge Albert Biesinger in einem Buchtitel so formuliert hat: „Kinder nicht um Gott betrügen".

2. *Ein Religionsunterricht, der Überlieferungen des Christentums als für unsere Kultur prägend erschließt*: Tradiertes Kulturgut bleibt abstrakt, wenn nicht auch der Geist entdeckt wird, aus dem es geschaffen wurde. Der Religionsunterricht wird dabei keineswegs das Christentum als die einzig prägende Kraft hinstellen, er soll aber etwas deutlich machen von der Lebensfreundlichkeit des Evangeliums und dessen Einfluss auf das Werden einer sozialen, humaneren Gesellschaft. Der Religionsunterricht wird durch die offene Darstellung auch von Fehlhaltungen der Kirchen in der Geschichte dem Verdacht entgehen, parteiisch oder gar polemisch zu sein.

3. *Ein Religionsunterricht, in dem Schüler lernen, den christlichen Glauben im Horizont heutigen Denkens und Lebens auszulegen*: Das heißt, den überlieferten Glauben zu aktualisieren und ihn vor dem „Wahrheitsgewissen" der Zeitgenossen zu verantworten, ja sogar aus dem „Zeitgeist" Anregungen zur Auslegung des Glaubens zu gewinnen. Tradierter Glaube und konkretes Leben sollen sich gegenseitig erhellen. Der Glaube muss seine praktische Relevanz erweisen für die Lebensorientierung des Einzelnen, für das Überleben der Menschheit, für die Verwirklichung der Menschenrechte.

4. *Ein Religionsunterricht, der dazu beiträgt, nichtchristliche Religionen besser zu verstehen und aus ihren Traditionen zu lernen*: Das Ziel ist nicht eine distanzierte Toleranz, sondern ein Lernen aus der religiösen Haltung anderer. In den Thesen des DKV [Deutscher Katecheten-Verein] heißt es dazu: „An jüdischen Erzählungen von Gott lernen Schüler, dass es niemals gelingen kann, ‚Gott' in ein systematisches Glaubensgebäude einzubauen; an islamischer Frömmigkeit lernen sie, was Hingabe an Gott bedeuten kann; in der Begegnung mit buddhistischen Überlieferungen wird eine ‚Weltdistanz' deutlich, die auch für die westliche Lebensart heilsam sein kann." Es muss nicht weiter betont werden, wie notwendig das ist im Hinblick auf die Erziehung zur Toleranz, den Abbau des noch immer schwelenden Antisemitismus, die neue Herausforderung in der Begegnung mit dem Islam und fernöstlichen Religionen und Philosophien.

5. *Ein Religionsunterricht, der Schülern hilft, in Auseinandersetzung mit Weltanschauungen und Wertsystemen ihren eigenen Standort*

zu finden: Der Wertepluralismus führt nicht selten zu einer relativierenden Standpunktlosigkeit oder zu fundamentalistischer Starrheit. Die Schule muss Jugendliche befähigen, mit dem Pluralismus produktiv umzugehen. Der Religionsunterricht kann für diesen weltanschaulichen Diskurs so etwas wie eine „Clearing-Stelle" sein. Es gehört daher durchaus zur Aufgabe des Religionsunterrichts, sich intensiv mit - von manchen als bloß „sozialkundlich" geschmähten - Themen zu befassen wie Drogenmissbrauch, Ausländerhass, Schwangerschaftsabbruch, Partnerschaft, Aids u. a., um Jugendlichen zu einem kritischen Urteil darüber zu verhelfen. Der christliche Religionsunterricht wird dabei die christliche Sinn-Deutung als möglichen Entscheidungshorizont ins Gespräch bringen. Dem Religionslehrer, der Religionslehrerin kommt dann nicht selten so etwas wie eine „seelsorgliche" Rolle zu: junge Menschen in ihren eigenen Problemen zu beraten und stützend zu begleiten.

6. *Ein Religionsunterricht, für den die Lebens- und Glaubensgeschichten der Schüler und Lehrer konstitutiv sind*: Dieses Prinzip schafft Schwierigkeiten, zum einen für die Art des Dialogs, den der Lehrer offenhalten muss und der doch auch weiterführend sein soll, zum anderen wird hier innerkirchlich oft der Vorwurf gemacht, es blieben viele Inhalte ungesagt, die Darbietung der ganzen Lehre (der „unverkürzten Wahrheit") bliebe auf der Strecke. Dennoch kann nur ein solcher Religionsunterricht lebensnah sein.

7. *Ein Religionsunterricht, der in den Kirchen beheimatet ist und daraus Sicherheit und Kraft gewinnt*: Die Jugendlichen haben das Recht, in

ihrer Konfession, in der sie aufgewachsen sind,
unterrichtet zu werden. Religiöses Leben ist
immer ein solches in Gemeinschaft. Die Interpretation der Lehre steht in der Autorität einer bestimmten Glaubensgemeinschaft, um nicht
in subjektive Beliebigkeit abzufallen. Das Leben nach der als richtig erkannten Lehre braucht
wiederum eine Gesinnungsgemeinschaft, die
trägt, korrigiert, Sicherheit und Heimat gibt.
8. *Ein Religionsunterricht, der ökumenisch offen ist*: Unter Beibehaltung des konfessionellen Unterrichts könnte die Gemeinsamkeit deutlich werden in regelmäßigen Gesprächen der Religionslehrer der verschiedenen Konfessionen,
in gelegentlichem gemeinsamen Religionsunterricht (Teamteaching, Projektunterricht), in
gemeinsamen Aktivitäten außerhalb der Schule.
Vor allem aber wird der Geist der Ökumene daran zu messen sein, wie im getrennten Unterricht Lehre, Geschichte und Eigenart der anderen Konfession vermittelt wird.
9. *Ein Religionsunterricht, der alle Möglichkeiten der Zusammenarbeit mit Eltern und Kir-
chengemeinden nützt*: Der Religionsunterricht
achtet das primäre Erziehungsrecht der Eltern
und leistet in abgestimmter Ergänzung Erzie-
hungsarbeit. Nicht selten wird dabei dem Religionsunterricht aufgelastet, was im eigenen
Bereich (von Eltern und Pfarrgemeinden) nicht
mehr geleistet werden kann. Der Religionsunterricht teilt dabei das Schicksal der Schule
insgesamt, der man die Verantwortung für Fehlhaltungen in der Gesellschaft auflastet, ohne
bereit zu sein, diese Verantwortung gemeinsam
mit der Schule zu tragen.
10. *Ein Religionsunterricht, der mitwirkt bei
der Gestaltung des Schullebens und bei der Re-*

form der Schule: Wir dürfen mit einem gewissen
Stolz sagen, dass der Religionsunterricht im
Allgemeinen nach Methode und durch seine Lehr-
mittel ganz auf der Höhe schulischer Entwicklung steht. Wir sind auch gerne bereit, den Religionsunterricht zum Gegenstand jener Schulversuche zu machen, die seiner Eigenart
entsprechen, namentlich Formen des fächerüber-
greifenden Unterrichts.
Der kirchliche Religionsunterricht in der
geschilderten Form an öffentlichen Schulen ist
kein Privileg, sondern er stellt unzweifelhaft
eine Hilfe für die Gesamtbildung der Schulju-
gend dar.

Über Österreich hinaus hatte ich zum Deutschen Katecheten-Ver-
ein (DKV) viele Jahre hindurch eine sehr gute Beziehung. Dabei
hatte das am Anfang gar nicht so ausgesehen. 1984 sollte ich im
Bildungshaus Leitershofen/Augsburg vor Mitgliedern des DKV
zum Thema sprechen: „Was erwartet die Kirche vom Glaubens-
vermittler?" Viele hielten meine Forderungen, die ich damals auf-
stellte, für übertrieben, das alles könne man von Religionslehrerinnen und -lehrern nicht verlangen. Für die Diskussion am
nächsten Tag kündigten sie Proteste an. Ich war betroffen und zunächst ratlos. Dann aber ging ich noch am selben Abend in die
„Bar", trank ein Glas Wein mit einigen Teilnehmern und erwarb
Vertrauen. Die Diskussion am nächsten Tag verlief sachlich und
mit viel Einsicht. Seither wurde ich immer wieder zu Vorträgen
eingeladen und sogar zu Festpredigten bei Jubiläen des Vereins.
Sie rühmten mir nach, dass ich im Unterschied zu deutschen Bischöfen jeweils die ganze Tagung geblieben bin und mich so offen
der Debatte stellte. Die deutschen Bischöfe reisten meist nach ihrem Vortrag „aus Termingründen" ab.

Auch vom Schweizer Katechetenverein (SKV) wurde ich mehrmals eingeladen. Einmal nach Zürich, zusammen mit dem damals noch jungen Professor für Dogmatik und Liturgiewissenschaft Kurt Koch aus Luzern. Zürich gehört zur Diözese Chur. Bischof war damals der sehr umstrittene Wolfgang Haas. Bei der Tagung stimmte Koch überaus massiv vor den Katecheten in die Kritik am Diözesanbischof ein, so dass ich ihm am Abend vorhielt, er könne doch nicht vor den Lehrern über deren eigenen Bischof so reden. Koch aber antwortete in freier Schweizer Art: „Was wahr ist, muss man sagen!" Heute ist Kurt Koch Präsident des Päpstlichen Rates für die Förderung der Einheit der Christen und Kardinal.

Durch meine Verbindung zu beiden Vereinen wurde ich im April 1996 sogar nach Rom zu einem Vortrag vor den Bischöfen und Nationalverantwortlichen für Katechese von ganz Europa eingeladen. Das Thema war: „Die Ausbildung zum ‚Wissen' der Katecheten und Religionslehrer". Ich war stolz, vor einem so hochrangigen Forum sprechen zu können, und erhielt für mein Referat viel Lob.

Zwei Jahre später aber fand meine Tätigkeit als Schulbischof in Österreich ein jähes Ende. Es war der Lehrplan 1999 in Diskussion. Viele Einwände der Schulamtsleiter wurden eingearbeitet und schließlich kam es zu einer endgültigen Abstimmung. Hofrat Christine Mann, die Leiterin des Wiener Schulamtes, fand nicht alle ihre Einwände berücksichtigt und klagte das Kardinal Schönborn. Dieser schrieb mir am Pfingstmontag einen Brief, in dem er deutlich machte, dass er in diesem Konflikt inhaltlich voll auf Seiten der Schulamtsleiterin stehe. Leider hatte es vorher kein Gespräch mit mir oder dem Vorstand der Schulamtsleiterkonferenz gegeben. Erst am 12. August kam es auf mein Drängen zu einem Vieraugengespräch bei einem Mittagessen. Da machte Schönborn klar, dass er künftig für den Religionsunterricht wieder mehr Konturen erwarte und neue Akzente. Daraufhin habe ich erklärt: „Herr Kardinal, dann muss ich das Referat des Schulbischofs zurückle-

1977, Begegnung mit Papst Paul VI. kurz nach meiner Ernennung zum
Weihbischof

Papst Johannes Paul II. überreicht ein Andenken bei einem Ad-limina-Besuch.

1998, Papstbesuch in Österreich, in der Mitte Bischof Johann Weber

2007, Begegnung mit Papst Benedikt XVI. anlässlich seines
Österreichbesuches

Eine der vielen Firmungen (in 34 Jahren ca. 30.000 Firmlinge). Hier meine
Großnichte Roswitha bei der Firmung in der Pfarrkirche Kierling

Der schönste Dienst eines Bischofs ist die Priesterweihe.
Im Bild P. Matthias Schlögl OSA bei seiner Priesterweihe 2010

B 4

2002, Verabschiedung von Erzbischof Donato Squicciarini, Nuntius in
Österreich (1989–2002)

2003, bei einer Tagung des Deutschen Katecheten-Vereins (dkv).
Rechts Gabriele Miller, eine der Begründerinnen des dkv

2004, mit Kardinal Walter Kasper (damals Präsident des Päpstlichen Rates zur Förderung der Einheit der Christen) bei einer Jubiläumsveranstaltung anlässlich 40 Jahre Konzilsdekret „Unitatis redintegratio" in Rocca di Papa

Treffen mit Margot Käßmann bei einem Wienbesuch als Landesbischöfin der Evangelisch-lutherischen Landeskirche von Hannover; links Bischof Michael Bünker

B 6

1999, Begegnung mit dem Ökumenischen Patriarchen von Konstantinopel, Bartholomaios I. Bildmitte: Metropolit Michael Staikos, im Vordergrund Prof. Christine Gleixner

2009, Patriarch Daniel I. (rumänisch-orthodoxe Kirche) bei der Einweihung der Andreaskirche in Wien-Simmering

1983, Begegnung mit Bundespräsident Rudolf Kirchschläger anlässlich des
Besuchs von Papst Johannes Paul II. in Mariazell. Rechts im Hintergrund die
Journalistin Pia Maria Plechl, die beste Kontakte zu römischen Stellen hatte

Interview für die „Salzburger Nachrichten" über Religionsunterricht und
Ethik mit Heide Schmidt, Gründerin des Liberalen Forums

1997, Überreichung des Großen Goldenen Ehrenzeichens für Verdienste um das Land Wien durch Bürgermeister Michael Häupl

2006, Einladung zu einer familiären Feier anlässlich meines 75. Geburtstags bei Bundespräsident Heinz Fischer

2009, Überreichung des Goldenen Doktordiploms im großen Festsaal der Universität Wien durch Rektor Georg Winckler

2007, Treffen mit meinen Geschwistern anlässlich meines 30-jährigen Bischofsjubiläums. Links Schwester Helga, rechts Schwester Gertraud und Bruder Viktor

2007, Dankmesse zu meinem 30-jährigen Bischofsjubiläum im Dom zu
St. Stephan. Im Vordergrund: Nuntius Karl Josef Rauber, der die Festpredigt
hielt

2007, Kardinal Schönborn überreicht mir zum 30-jährigen Bischofsjubiläum
eine Nachbildung des Hl. Stephanus.

Die Verkündigung der Frohen Botschaft und die Auslegung des Evangeliums sind zentrale Aufgaben eines Bischofs, denen ich immer mit großer Freude nachgekommen bin.

gen. Denn ich stehe ganz hinter den derzeitigen Ansätzen des Religionsunterrichtes." Für mich war der Rücktritt klar, da ich merkte, dass nicht nur das Wiener Schulamt nicht mehr hinter mir stand, sondern nicht einmal mehr mein eigener Ordinarius. Kardinal Schönborn war sichtlich betroffen. In der nächsten Bischofskonferenz hat er dann selbst das Referat des „Schulbischofs" übernommen. Aber offenbar tut auch er sich schwer, eine einheitliche Meinung zur Linie des Religionsunterrichts unter den Bischöfen zu erreichen. Neuerdings gibt es Vorschläge, Religionsbücher alten Stils, die von Amerika herkamen und übersetzt wurden, in die Schulbuchaktion zu bringen. Das wäre ein Rückschritt, der nicht zu verantworten ist.

Ökumene à la Wien
Oder: Ein guter Boden für den Konfessions- und Religionsdialog

In der Ökumene gab es mit Kardinal Schönborn eine Arbeitsteilung. Das Referat in der Bischofskonferenz hat der Kardinal selbst betreut und er ist es auch, der als katholischer Repräsentant bei offiziellen Terminen und Feierlichkeiten in Erscheinung tritt. In der praktischen Arbeit aber habe ich bis zu meiner Emeritierung viel übernommen, vor allem die Vertretung der katholischen Kirche im Ökumenischen Rat der Kirchen (ÖRKÖ). Ebenso hatte ich die gemeinsame Leitung der Gemischten katholisch-evangelischen Kommission inne, jeweils gemeinsam mit einem Vertreter der evangelischen Kirche, und stand der katholischen Ökumenekommission der Bischofskonferenz vor.

Persönlich bin ich in die Ökumene durch die Ökumenische Morgenfeier im ORF hineingewachsen. Der langjährige Leiter der Abteilung Religion im ORF Radio, Prof. Walter Karlberger, und P. Leo Wallner SJ leisteten dabei Pionierarbeit. Jeden Sonntag haben sich die Sprecher von drei christlichen Kirchen mit einem Glaubensthema auseinandergesetzt. Ich bin dadurch den Gesprächspartnern aus den anderen Kirchen menschlich nähergekommen und habe theologisch viel dazugelernt. Mir wurde damals klar, dass Ökumene keinesfalls nur eine theologische Angelegenheit ist, nicht nur historisch belastet oder entkrampft, sondern dass für ihr Vorankommen vor allem Personen und menschliche Beziehungen entscheidend sind.

Für mich war zunächst Kardinal König ein nachahmenswertes Vorbild. Ich hatte ihn seit 1956 vielfach in der Ökumene beobachten können, besonders in seinen Beziehungen zur Orthodoxie. Er hat die historische und geographische Situation von Österreich genützt. Historisch waren aus den Zeiten der Monarchie immer schon viele orthodoxe Gemeinden in Wien ansässig. Politisch war Österreich als neutrales Land schon lang vor dem Fall der Mauer eine mögliche Brücke zum Osten. So gesehen ist Österreich auch ein Vorbild einer multilateralen Ökumene sowohl zu den Kirchen des Ostens als auch des Westens im Gegensatz zu Deutschland, wo sich Ökumene zu einseitig den Kirchen aus der Reformation zugewandt hat.

Die orthodoxen Kirchen bekamen in Österreich dann durch den Wiener griechisch-orthodoxen Metropoliten Michael Staikos eine besondere Bedeutung. Staikos wurde 1946 in Athen geboren, kam aber schon mit 18 Jahren nach Wien. 1965 wurde er Sekretär und Zeremoniär des damaligen Metropoliten Chrysostomos Tsiter. 1977 wurde er zum Priester geweiht, 1986 zum Bischof und 1991 wurde er vom Heiligen Synod des Ökumenischen Patriarchats von Konstantinopel zum Metropoliten von Austria und Exarchen von Ungarn gewählt. Staikos hatte zu Kardinal König bis zu dessen Tod ein überaus herzliches Verhältnis. Darüber hinaus spielte er immer eine bedeutende Rolle in der Ökumene in Österreich. Auch ich darf mich einer persönlichen Freundschaft mit ihm rühmen.

Dann aber waren für mich auch die persönlichen Beziehungen zu vielen Amtsträgern der anderen christlichen Kirchen wichtig. Aus den Anfängen der Ökumenischen Morgenfeier wuchs eine tiefe persönliche Freundschaft zu Werner Horn, zuerst evangelischer Pfarrer in Wien-Simmering, später Superintendent in Wien. Aber auch zu den jeweiligen Bischöfen der evangelischen Kirche hatte ich sehr gute Beziehungen: zu Dieter Knall, Herwig Sturm und zuletzt zu Michael Bünker. Bei meinem 30-Jahre-Bischofsjubiläum im Dom zu St. Stephan las Bischof Sturm ganz offiziell die Lesung der Messe. Michael Bünker hat noch als Oberkirchenrat mein Buch „Eine Kirche, die Zukunft hat" bei einer Großveranstaltung präsentiert. Dafür durfte ich dann knapp vor seiner Bischofseinführung sein neuestes Buch vorstellen. Seither sind wir ein sehr begehrtes Diskussionspaar bei öffentlichen Bildungsveranstaltungen.

Hier möchte ich unbedingt noch einem wertvollen Freund ein „Denkmal" setzen, Helmut Nausner, früher Superintendent der methodistischen Kirche. Er ist für mich einer der tief spirituellen Menschen in unserer „ökumenischen Familie". In Salzburg kam es einmal zu einem Eklat, als ein methodistischer Pfarrer bei einer katholischen Messfeier mitwirkte. Polemisch konservative Kreise warfen diesem noch vor, dass er eine ganz falsche Vorstellung von Eucharistie habe. Superintendent Nausner legte darauf in einem Artikel in der „Furche" sein Eucharistieverständnis dar. Eine so tiefe Deutung würde man in unserer Kirche wohl gar nicht so häufig finden, vermutlich schon gar nicht bei denen, die sich über die Mitwirkung eines Methodisten bei „unserer" Messe so skandalisiert hatten.

Durch die intensive ökumenische Arbeit haben die Kirchen auch viel voneinander gelernt. Wir Katholiken lernten, die Bibel und damit die Wortverkündigung mehr in den Mittelpunkt zu stellen. Die evangelische Kirche, vor allem die Lutheraner, „entdeckten" mehr und mehr das Sakrament des Abendmahls. Als ich einmal in der evangelischen Pfarre St. Paul im III. Bezirk in Wien predigte, erlebte ich, dass dort jeden Sonntag Abendmahl gefeiert wird. Früher war es in der evangelischen Kirche höchstens drei Mal im Jahr üblich. Und die Feier des Abendmahls dort hat sich nach Gestalt und Ritus nur wenig von der römisch-katholischen Eucharistiefeier unterschieden. Auf der anderen Seite erleben wir, dass in zunehmend mehr katholischen Pfarrgemeinden am Sonntag ein Wortgottesdienst gefeiert wird, weil kein geweihter Vorsteher für eine Eucharistie mehr zur Verfügung steht. Wäre der Priestermangel und seine Bewältigung in der römisch-katholischen Kirche nicht ein zu ernstes und an die Substanz gehendes Thema, müsste man beinahe ein ökumenisches Wirken des Heiligen Geistes hinter dieser Annäherung vermuten.

Dass ich auch in meinem ökumenischen Engagement über die Grenzen Österreichs hinaus bekannt geworden war, zeigte 2010 eine überraschende Einladung, obwohl ich schon emeritiert war. In der evangelischen Pfarre in Neu-Ulm gibt es in der Fastenzeit immer eine großangelegte Predigtreihe. 2010 sollte sie Bezug nehmen auf den Zweiten Ökumenischen Kirchentag, der vom 12. bis zum 16. Mai 2010 in München zum Thema „Damit ihr Hoffnung habt" stattfinden sollte. Die Einladung bot mir die Gelegenheit, gleichsam das „österreichische Modell" gelungener Ökumene als Hoffnungszeichen vorzustellen. Ich habe das so versucht:

Am 4. November 1964, also noch vor der Verabschiedung des Ökumenismusdekrets, gründete Kardinal König die Stiftung Pro Oriente. Ihr Kernauftrag war, die Beziehungen zu den orthodoxen und altorientalischen Kirchen zu fördern. (...) Die Ökumene in Österreich selbst begann erstaunlich schnell zu wachsen. Die Initiative kam vom lutherischen Bischof in Österreich Dr. Georg May. Am 26. Mai 1965, also schon sechs Monate nach der Verabschiedung des Ökumenismusdekrets auf dem Konzil, forderte er in einer Denkschrift an die österreichischen Bischöfe Konsequenzen „auf Grund des neuen verpflichtenden interkonfessionellen Ethos". Er schlug folgende Themen zur Beratung vor: Revision des Geschichtsbildes, Fragen der Mischehe, Anerkennung der Taufe, Zusammenarbeit auf karitativem, sozialen und kulturellen Gebiet, gemeinsame Gottesdienste und Bereinigung der leidigen Frage von Zwangskonversionen, die gelegentlich in Krankenhäusern und am Totenbett vorgenommen wurden.

1969 kam es zur gegenseitigen Anerkennung der Taufe. Und als sich die Gesetzgebung der Mischehen (matrimonia mixta) zu ändern begann, fügten die österreichischen Bischöfe in der Versprechensformel des katholischen Teils zur katholischen Taufe und Erziehung der Kinder den viel beachteten Satz ein: „Mit Rücksicht auf das Gewissen des Partners." Als diese Formel 1983 durch den neuen Codex nicht gedeckt war, erreichten die österreichischen Bischöfe eine partikularrechtliche Lösung für Österreich.

Schon am 1. Juli 1965 wurde in der Erzdiözese Wien eine Diözesankommission für Ökumenische Fragen gegründet und am 14. Jänner 1966 die Gemischte katholisch-evangelische Kommission. Ich selber habe sie lange paritätisch mit einem evangelischen Oberkirchenrat, der schließlich lutherischer Bischof wurde, geleitet. Neben theologischen Fragen wurden viele praktische Vorgänge und auch Irritationen, von welcher Seite immer, ganz offen angesprochen. 1968 erreichten wir im Österreichischen Rundfunk eine eigene Sendezeit am Sonntag für eine

„Ökumenische Morgenfeier", in der 30 Minuten lang Vertreter von drei verschiedenen Kirchen ein theologisches Thema aufbereiteten. Ich habe selbst oft mitgewirkt. Hier kam es durch gemeinsame Arbeit zu zwischenmenschlichen Beziehungen, bis hin zu Freundschaften. Mir wurde klar, dass gemeinsam zu „verkündigen" ein unersetzbares Instrument der Ökumene ist. In Verantwortung vor dieser großen Öffentlichkeit ist eine neue Sprache entstanden und ein unüberhörbares Zeugnis, dass wir doch alle den einen Christus zu verkünden haben.

Hinter all diesen Bemühungen stand eine Frau, die wir später die „Mutter der Ökumene" nannten, Christine Gleixner. Sie ist Mitglied der „Frauen von Bethanien", einer 1919 in Holland gegründeten religiösen Kongregation. Sie ist hervorragend theologisch gebildet und hat ein besonderes Charisma, Menschen zusammenzuführen. Dreimal wurde sie im Ökumenischen Rat der Kirchen in Österreich von allen 14 Mitgliederkirchen einstimmig zur Vorsitzenden gewählt. Christine Gleixner hat mit vielen Weggefährten und Weggefährtinnen ein ökumenisches Klima geschaffen, das wohl einmalig in dieser Form ist. Dieses Klima war maßgeblich, um selbst bei Rückschlägen vor Ort oder in der Weltkirche die Hoffnung nicht zu verlieren.

Sobald es rechtlich möglich war, bat die römisch-katholische Kirche 1994 um Aufnahme in den Ökumenischen Rat der Kirchen in Österreich (ÖRKÖ). Das schaffte die Voraussetzung, nun auf gleicher Augenhöhe, par cum pari, mit den anderen Kirchen zu leben, zu diskutieren, aber auch in aller Öffentlichkeit zu agieren (...) Nach der Ersten Europäischen Ökumenischen Versammlung 1989 in Basel haben die Österreichi-

sche Bischofskonferenz und der ÖRKÖ die KEK
[Konferenz Europäischer Kirchen] und den CCEE
[Rat der Europäischen Bischofskonferenzen]
1997 zur Zweiten Europäischen Ökumenischen
Versammlung nach Graz eingeladen. Das Motto
hieß „Versöhnung - Gabe Gottes und Quelle neu-
en Lebens". Graz wurde zu einer Sternstunde
der Ökumene, zu einem Ort der Utopie, wie eine
evangelische Teilnehmerin sagte. Utopie, weil
erstmals eine große Zahl osteuropäischer Teilnehmer gekommen war und weil die „Basis" sich
überaus lebendig zeigte. Kardinal Karl Lehmann
stellte fest, dass Kirche von unten lebe. Dagegen war es ernüchternd, wie unbeweglich zum
Teil die Kirchenführungen waren (...)

Die Ökumene mag in manchen theologischen
Fragen tatsächlich stecken geblieben sein. Sie
hat sich dafür aber auf einem anderen Gebiet
erprobt, nämlich in der gemeinsamen Verantwortung für die Gesellschaft. 2003 gab der ÖRKÖ
ein eigenes Sozialwort heraus. Es wurde die
soziale Situation in Österreich analysiert,
notwendige Maßnahmen urgiert, aber auch jeweils eine Selbstverpflichtung der Kirchen
formuliert. Die Wirkung war unerwartet stark.
Um die Gemeinsamkeit von West- und Ostkirchen
zu zeigen, wurde das Sozialwort am Vorabend des
Reformationstages am 30. Oktober 2003 von den
14 Mitgliederkirchen in den Räumen des griechisch-orthodoxen Metropoliten unterzeichnet,
am 27. November in der Evangelischen Akademie
und am 30. November in einer ökumenischen Vesper im Wiener Stephansdom präsentiert. Der
Text wurde alsbald ins Englische und Ungari-
sche übersetzt und von der Orthodoxen Akademie
in Kolimpari in Kreta wissenschaftlich bearbeitet. Seither ist es eine ständige Orientie-

rungshilfe für KEK und CCEE bei ihrer Arbeit in Brüssel (...) Fast unerwartet kam noch eine andere Frucht zum Tragen. Sowohl die jüdische Kultusgemeinde als auch die islamische Glaubensgemeinschaft zeigten Interesse, künftig „interreligiös" zu manchen Sozialfragen Stellung zu beziehen.

Vielleicht das hoffnungsvollste Zeichen ökumenischer Verantwortung für und in der Gesellschaft ist das Wirken und Zusammenarbeiten von Caritas (römisch-katholische Kirche) und Diakonie (evangelische Kirche). Beide Institutionen bieten die so notwendige Lobby für Arme, Ausgegrenzte, Asylanten und Fremde aller Art. Sie lindern nicht nur aufgetretene Not, sondern werden durch ihre so aussagekräftigen Stellungnahmen prägend für politische Meinungen, aber auch für den politischen Stil in unserem Land.

Wohl die spektakulärste Form ökumenischer Zusammenarbeit ist die 2006 errichtete Pädagogische Hochschule der Kirchen in Wien und Krems. Die Hochschule ist zuständig für die gemeinsame Aus- und Weiterbildung von Religionslehrern. Beteiligt sind die evangelischen Kirchen A. B. und H. B, die altkatholische Kirche, die griechisch-orthodoxe Kirche und die orientalisch-orthodoxen Kirchen. Verfassungsrechtlich bleibt der getrennte konfessionelle Religionsunterricht aufrecht, aber hier wird die Voraussetzung für eine vorurteilslose und sachgerechte Darstellung der jeweils anderen Konfession geschaffen, und auch die Möglichkeit zu einem konfessionell kooperativen Religionsunterricht. Das gibt Hoffnung, dass künftig konfessioneller Religionsunterricht zusammenführt und eine Jugend herangebildet wird, die sich ihrer eigenen Kirche, aber auch der Einheit in Christus bewusst wird.

Sind die aufgetretenen Irritationen zwischen den Kirchen ein Hemmnis oder eine neue Herausforderung? (...) Differenzen wird es künftig zunehmend auf dem Gebiet ethischer Fragen geben, besonders was die Bioethik und die Gentechnologie anlangt. Sicher muss in diesen Fragen unter Christen nicht nur eine Meinung letztgültig sein. Aber dennoch stellt sich die Frage, wie gerade in diesen so heiklen Problemen der Moderne in Berufung auf die Heilige Schrift argumentiert werden kann. Zu vermeiden ist, gegenteilige Meinungen zu verwerfen oder gar als rückständig zu bezeichnen. Vielmehr ist es eine Herausforderung, die jeweils eigene Position immer wieder neu zu prüfen.

Die getrennten Tische sind das wohl derzeitig größte Ärgernis. Die Sehnsucht nach gemeinsamer Eucharistiefeier wächst. Seit 1978 haben bedeutende offizielle Dialoge zwischen Katholiken und Lutheranern stattgefunden. Im Vorfeld des Ökumenischen Kirchentages in Berlin 2003 haben katholische und evangelische Theologen diese Annäherungen in einem Buch „Eucharistische Gastfreundschaft" aufgelistet. Man kam zum Schluss, die bisherigen Kontroversen über das Abendmahl als Sakrament vor allem zwischen römisch-katholischer Kirche und den Lutheranern seien faktisch beigelegt, kirchentrennend sei noch die Amtsfrage. Die offiziellen Theologengespräche sind viel weiter gekommen, als die Kirchenleitungen auf beiden Seiten es wahrhaben (...).

Wie ist dieser „Skandal" der getrennten Tische zu lösen? In der Basis hat man vielfach pragmatische Lösungen gefunden, vor allem in

> gemischten Ehen. Wir sagen auch gerne „konfes-
> sionsverbindende" Ehen. Aber muss diesen oft
> so verantwortungsvollen Versuchen nicht auch
> die Kirchenleitung endlich entsprechen? Phil-
> ipp Harnoncourt, emeritierter Liturgieprofes-
> sor in Graz, ließ mit einem eigenartigen Vor-
> schlag aufhorchen. Er hält getrennte Eucharis-
> tiefeiern bei ökumenischen Anlässen als dem
> Wesen der Eucharistie widersprechend. Er rät
> vielmehr, dort „eucharistisch zu fasten" und
> dafür einen gemeinsamen Bußgottesdienst zum
> Zeichen der Schuld-Einsicht und der Buße zu
> feiern (...) Harnoncourt „fastet" seither in-
> nerhalb der Gebetswoche für die Einheit der
> Christen. Ist das ein nachahmenswertes Zei-
> chen? (...)

Ich schloss dann in Neu-Ulm mit sehr konkreten Wünschen, die ich selbst an den bevorstehenden Kirchentag hätte. Hier möchte ich das wiederholen, da ich glaube, dass die Ökumene überhaupt in diese Richtung gehen müsste.

Ich erwarte mir von Ökumene zuerst ein Wort der Hoffnung für die Menschen in ihrer Orientierungslosigkeit, in ihrer Zukunftsangst, in ihren persönlichen Krisen. Freilich muss jede Kirche sich selbstkritisch fragen, wie weit sie den Menschen tatsächlich Geborgenheit gibt, Freiheit schenkt, in Krisen zu neuen Anfängen ermutigt. Aber der Mensch muss auch in der Ökumene im Vordergrund stehen. Dafür tragen alle Kirchen gemeinsam Verantwortung.

Dann ist es wohl Auftrag der Kirchen, einen Beitrag zu einer Gesinnungsänderung in der Gesellschaft zu leisten. Die Kirchen müssen Vorbild und Hilfe sein zu mehr Solidarität, die am Liebesgebot Jesu Maß nimmt. Die Kirchen müssen Mut machen zur Versöhnung über scheinbar unüberbrückbare Gräben der Ideologie, der politischen Parteiung, des nationalen Denkens und Egoismen jeglicher Art hinweg, individuell und kollektiv. Kirchen sollten gemeinsam Zeichen und Werkzeug eines Friedens werden, den sich die Welt selber nicht geben kann. Das setzt aber voraus, dass wir das Prinzip der „versöhnten Verschiedenheit" unter den Kirchen selbst vorleben. Wo wir Unterschiede nicht pragmatisch verwischen oder rechthaberisch pflegen, sondern darin geradezu eine Herausforderung sehen, voneinander zu lernen und uns aus dem Schatz unterschiedlicher Traditionen beschenken zu lassen.

Ich erwarte mir von der Ökumene auch eine Antwort auf die wachsende Säkularisierung. Sie darf nicht als Bedrohung kirchlichen Bestandes und wohl erworbener Traditionen gesehen werden. Die Säkularisierung bietet vielmehr die Chance, die eigene Stellung in der Welt und zu dieser Welt aus dem Glauben heraus zu vertiefen. Und sie kann dem heutigen Menschen, der dem Irdischen ganz verfallen erscheint und dennoch die unstillbare Sehnsucht nach mehr in sich trägt, helfen, gerade in der Welt die vielfachen Spuren Gottes zu erkennen: in der Schöpfung, in Kunst und Kultur, in der Liebe.

Es ist auch an der Zeit, eine positive Strategie gegen den wachsenden Atheismus zu entwickeln, der zunehmend polemische Töne anschlägt. Es tut not, die Wurzeln des Atheismus zu entdecken. Das wohl stärkste Argument der Atheisten ist die so quälende Frage der Theodizee, also die Frage, wie ein guter Gott mit dem Leid und Elend auf der Welt unter einen Hut zu bringen ist. Wie gehen wir in unserer Verkündigung mit dieser Frage um? Selbstkritisch sollten wir erkennen, wie es das Konzil tat, dass auch wir Christen Schuld am Atheismus tragen. Denn der Atheismus ist keine ursprüngliche und eigenständige Erscheinung, sagt das Konzil, sondern entsteht vielmehr aus verschiedenen Ursachen, zu denen auch die kritische Reaktion gegen die Religionen, und zwar in einigen Ländern vor allem gegen die christliche Religion, zählt. Das Heilmittel gegen den Atheismus kann nur von einer situationsgerechten Darlegung der Lehre und vom integren Leben der Kirche und ihrer Glieder erwartet werden. Was ist also der Atheismus doch für eine Herausforderung für unsere Kirchen!

Gerade diese gemeinsame Verantwortung für die Gesellschaft und für den Glauben in ihr drängt, die Ökumene nicht stocken zu lassen. Das sind wir der Welt und dem Auftrag Jesu schuldig, der uns so nachdrücklich zur Einheit mahnt, „damit die Welt glauben kann" (vgl. Joh 17,21). Möge auch weiter, wie seinerzeit beim Kirchentag 2007 in Sibiu, die Basis immer wieder dynamisch werden, auch ihre Unruhe zeigen, wo Ökumene zu stocken droht. Möge sie den Kirchenleitungen Mut machen, ja sie drängen, nicht nur um den Geist der größeren Einheit zu beten, sondern auf die vielfältige Sprache des Geistes zu hören, wie er auch heute, gerade durch die Jugend, spricht. Mögen unsere Kirchen doch endlich bereit sein, von diesem Geist beseelt auch Neues zu wagen.

Über Hoffnung können wir nur glaubwürdig reden, wenn wir in unseren eigenen Anliegen und auch in den Anliegen der Ökumene trotz mancher Rückschläge, trotz vermeintlicher Stagnation, die Hoffnung nicht verlieren und Hoffnung ausstrahlen. Wir müssen wider alle enttäuschte Hoffnung glauben, dass Ökumene keine Utopie, sondern möglich ist, ja heute geradezu notwendig ist, „damit die Welt wieder glauben kann".

IV. Mein Leben für die Kirche des Konzils

Das Erlebnis des Konzils als Stenograf und die Begegnung mit vielen Konzilsvätern und ihren theologischen Beratern hat mein Priester- und Bischofsleben wesentlich geprägt. Ich habe viel darüber publiziert. Besonders bekannt wurde mein Buch „Im Sprung gehemmt", das 1998 herauskam. In einem kleinen Privatverlag wurde es auch ins Italienische übersetzt mit dem Titel „Bloccato nel momento decisivo". Am 14. Oktober 2002 stellte ich es an der Philosophischen Fakultät der Universität in Palermo vor. Das Buch wurde für mich nahezu schicksalhaft, weil es eine tiefgreifende Auseinandersetzung mit Rom nach sich zog.

Als Zeitzeuge des Konzils habe ich auch viele Einladungen zu Vorträgen gehalten. So sprach ich vor Studenten an theologischen Fakultäten in Bamberg, in Regensburg oder in Brixen. Außerdem referierte ich in sehr vielen Bildungseinrichtungen wie der Paulusakademie in Zürich, der Katholischen Akademie in Freiburg im Breisgau und in zahlreichen größeren und kleineren Bildungswerken.

So wurde ich am 12. Oktober 2005 auch zum „dies facultatis" der Universität Wien eingeladen, der dem Gedächtnis des 40. Jahrestages des Endes des Konzils gewidmet war. Ich hatte den Eröffnungsvortrag mit dem Titel „Aufbruch zum Konzil. Vorfeld – Entwicklung – Akzente – Widerstände" zu halten und nach einer Reihe anderer Referenten beschloss Kardinal Schönborn den Tag mit seinen Ausführungen. Die unterschiedlichen Akzente, die wir beide setzten, stehen beispielhaft für die heutige Auseinandersetzung über die Hermeneutik der Konzilstexte. Im Folgenden seien die beiden Standpunkte auszugsweise wiedergegeben:

Reformstau und Kompromisse
Oder: Vorauseilende Theologie und Eingriffe von oben

Es ist wichtig, das Vorfeld des Konzils anzusehen und wie es von allem Anfang an Widerstände dagegen in Rom gab. In meinem Buch „Im Sprung gehemmt" habe ich das nachzuzeichnen versucht. Ausführlich habe ich darüber auch am „dies facultatis" gesprochen.

Theologie geht dem Lehramt oft voraus, sie spürt auf, was die Zeichen der Zeit sind. So war es vor dem Zweiten Vatikanischen Konzil. Im theologisch-kirchlichen Denken hatten sich im deutschen Sprachraum schon seit 1920 entscheidende Umbrüche vorbereitet (R. Guardini, K. Adam, M. Schmaus, J. A. Jungmann, H. Rahner, P. Parsch; später K. Rahner, O. Semmelroth, H. U. v. Balthasar), in Frankreich erst wieder seit 1940 in der sogenannten Nouvelle Théologie (H. de Lubac, J. Daniélou, M. D. Chenu, Y. Congar). Neu war die Hinwendung von einem einseitigen Moralismus und Aszetismus zu einem Leben aus der Heiligen Schrift (Bibelbewegung), von einer passiven Teilnahme zu einer bewusst gefeierten Liturgie (liturgische Bewegung), eine Stärkung des Laienapostolates und Anfänge einer nun auch katholischerseits vorangetriebenen ökumenischen Bewegung.

Alle diese Bewegungen standen in Konflikt mit Rom und wurden unterdrückt. Damit entstand ein beträchtlicher „Reformstau". Kardinal Joseph Ratzinger hat diesen in einem Fernsehinterview 1991 positiv bewertet. Er sagte: „Das II. Vatikanum war möglich, weil in großen Bewegungen zwischen den Weltkriegen und hernach eine geistige Ernte gewachsen war." Das Konzil hat diesen Stau weitgehend gelöst und hat vieles legitimiert, was vorher vorbereitend experimentiert worden war. Die vormals zensurierten Theologen gaben am Konzil auf einmal als offizielle Berater ihrer Bischöfe den Ton an. Dieser überraschenden Zusammenarbeit von Bischöfen und Theologen ist der auffallende theologische Fortschritt am Konzil zu verdanken.

Die beiden Konzilspäpste Johannes XXIII. und Paul VI. griffen aber mehrmals direkt in das Konzilsgeschehen ein, um Krisen zu überwinden oder um durch Einfügungen in den Texten eine größere Mehrheit zur Zustimmung zu bewegen. Natürlich wussten alle, dass das Konzil nicht über dem Papst steht, sondern eine Versammlung des Bischofskollegiums ist, die vom Papst einberufen wird, der auch die Dekrete erst zu genehmigen hat. Die Konzilsakten zeigen aber, wie gerade die kämpferische konservative Minorität Interventionen der beiden Konzilspäpste erbat. Weil die Vertreter dieser Minderheit vielfach aus den Kreisen der Kurie kamen, wussten sie sich leichter Zugang zu höchsten Stellen zu verschaffen. Aber solche Papstinterventionen haben schließlich „offiziell" eine Mehrdeutigkeit der Texte geschaffen.

Einer dieser Eingriffe geschah vor der geplanten Endabstimmung des Ökumenismusdekrets. Zum Erstaunen vieler erklärte der Generalsekretär Erzbischof Pericles Felici, der vorliegende Text sei noch nicht der endgültige, in letzter Stunde seien aufgrund „wohlwollender, autoritativ ausgesprochener Anregungen" Veränderungen eingefügt worden, um dem Text „größere Klarheit" zu geben. Auch hier wollte der Papst offenbar die kämpferische Opposition beruhigen. Von da ab war aber die Stimmung im Konzil merklich gespannt.

Zu einem Eklat kam es, als die Abstimmung über die Erklärung über die Religionsfreiheit am 19. November 1964 unvorhergesehen durch Einspruch „von oben" vertagt werden sollte. Eine große Mehrheit protestierte. Der Papst nahm die Entscheidung nicht zurück, versprach aber, diese Erklärung in der vierten Sitzungsperiode an erster Stelle behandeln zu lassen. Das Dokument wurde schließlich mit großer Mehrheit verabschiedet. Die konservative Minorität aber hat sich durch die Vorgangsweise in ihrer Kritik bestärkt gefühlt.

Die dogmatische Konstitution über die göttliche Offenbarung brachte in ihrer Endfassung einen wesentlichen Fortschritt in der Sicht der Offenbarung und in der Legitimierung neuer Bibelarbeit. In der Auseinandersetzung in der theologischen Kommission hatte die Mehrheit „gesiegt". Die Konservativen aber gaben den Widerstand nicht auf. Auch hier hat Paul VI. mit Änderungsauflagen eingegriffen, um möglichst viele zur Zustimmung zu motivieren. Schwerwiegend für die Ökumene ist vor allem der vom Papst veranlasste Zusatz am Ende von „Dei Verbum", Artikel 9: „So ergibt sich, dass die Kirche ihre Gewissheit über alles Geoffenbarte nicht aus der Heiligen Schrift allein schöpft. Daher sollen beide (sc. Schrift und Überlieferung) mit gleicher Liebe und Achtung angenommen und verehrt werden." Dieser letzte Satz ist eine Formel des Konzils von Trient gewesen. Diese wurde nicht neu reflektiert, sie war aber für die Minderheit das Feldzeichen für die Treue zu Trient und damit zur „Ganzheit des kirchlichen Glaubens".

Der Richtungsstreit
Oder: Die Kluft zwischen den beiden Lesarten

Eine schwerwiegende Folge der erzwungenen Kompromisse ist die unterschiedliche Interpretation der Konzilsdokumente. Es herrscht bis heute keine Einigkeit, welche Richtung das Konzil wirklich wollte. Es ist eine derzeit unüberbrückbare Kluft zwischen den beiden Lesarten entstanden. Die eine liest das Konzil von der Eröffnungsansprache von Papst Johannes XXIII. her. Die andere, für die Kardinal Leo Scheffczyk steht, betont die Tradition und kritisiert gewisse Entwicklungen nach dem Konzil. In seinem Interviewbuch „Entschiedener Glaube – befreiende Wahrheit" konzentriert sich der Dogmatiker Scheffczyk auf die „falsche" liturgische Erneuerung, auf eine „einseitige" Auslegung des Communio- und des Offenbarungsbegriffs, er spart nicht mit Kritik an der nachkonziliaren Exegese und sieht vor allem in der Ehelehre ganz falsche Schlussfolgerungen.

Nach einer überraschend hohen Übereinstimmung am Konzil, wie die Abstimmungsergebnisse zeigen, und auch einer sichtlichen Aufbruchsstimmung danach, wie viele lokale und regionale Synoden andeuten, driften nun die Meinungen immer stärker auseinander. Außer den Lefebvrianern (heute: Piusbruderschaft) beteuern alle, auf dem Boden des Konzils zu stehen und in seiner Intention arbeiten zu wollen. In Wahrheit aber ist man sich nicht einig, ob es im Letzten um Restauration oder doch um eine weiterführende Reform geht.

Die teils heftigen innerkirchlichen Auseinandersetzungen rauben der Kirche die Kraft, sich den wachsenden neuen Herausforderungen, die nach dem Konzil noch viel größer geworden sind, zu stellen. Denen aber kann man nur in der durch das Konzil erfolgten Öffnung begegnen. Dazu kommt, dass diese Auseinandersetzungen nicht fruchtbar werden, um etwa tiefer in die Wahrheit einzudringen, sondern es herrscht vielmehr ein Wahrheitsanspruch – oft auf beiden Seiten –, der einen Dialog unmöglich macht. An einigen Fragen, die nach dem Konzil besonders umstritten sind – übrigens sind es meist jene, die dort nicht ausdiskutiert wurden oder werden durften –, wird gleichsam die Rechtgläubigkeit der anderen gemessen.

Gerade dadurch aber ist die Grundstimmung in der Kirche in den letzten Jahren schlechter geworden. Manche wagen ihre besorgte und durchaus wohl begründete Meinung nicht mehr zu äußern, andere wollen sich gleichsam als selbsternannte Hüter des „rechten Glaubens" profilieren. Es wäre zu untersuchen, welche Bedeutung die jeweilig vertretene Interpretation des Konzils bei Professoren- oder Bischofsernennungen hat.

Inzwischen ist die unterschiedliche Hermeneutik nicht mehr nur ein wissenschaftlicher Disput, sondern es gibt eine wachsende Differenz zwischen dem Tun in der Basis und lehramtlichen Weisungen und Entscheidungen von oben. Dieser Pragmatismus – oft mit pastoraler Not begründet – führt bedauerlicherweise zu einer Geringachtung gesamtkirchlicher Weisungen und damit geforderter einheitlicher Praxis. Um wieder Ordnung herzustellen, rufen manche nach noch strengeren Normen oder Sanktionen.

So ist die unterschiedliche Interpretation des Konzils meiner Meinung nach der Hintergrund für viele Differenzen in der Kirche von heute. Das hatte ich in meinem Referat am „dies facultatis" so dargelegt.

Ist die Konzilseuphorie berechtigt?
Oder: Kardinal Schönborns Konzilsbilanz

Am Abend des ‚dies facultatis' hat Kardinal Christoph Schönborn seine Bilanz des Konzils gezogen. Er ging von einem Wort im Testament von Papst Johannes Paul II. aus: „Ich bin überzeugt, dass es den jungen Generationen noch lange aufgegeben sein wird, die Reichtümer auszuschöpfen, die dieses Konzil des 20. Jahrhunderts uns geschenkt hat."

„Ist die hier mit Überzeugung und Begeisterung vorgetragene Hoffnung des verstorbenen Papstes nicht etwas zu optimistisch?", fragte Schönborn. Und: „Kennen die jüngeren Generationen die Reichtümer dieses Konzils? Wie wirkt die ‚Konzilsbegeisterung' der Teilnehmergeneration auf die heute ‚jüngere Generation'? Ist diese Begeisterung vermittelbar? Und ist sie berechtigt? Oder ist es gar nicht erlaubt, diese kritische Frage zu stellen? Ist sie berechtigt bezüglich des Konzils selber? Ist sie berechtigt im Blick auf die Rezeption des Konzils, von der nicht unbedeutende Stimmen meinen, sie leide an einer gewissen ‚Sprunghemmung'?"

Kardinal Schönborn stellte „die oft diskutierte Frage", ob „die beispiellose Krise, die nach dem Konzil ausbrach", vom Konzil selbst verursacht worden oder die Folge einer Fehldeutung des Konzils gewesen sei. Schon im Juni 1965, vor der letzten Konzilsperiode, habe der damals 38-jährige Konzilstheologe Joseph Ratzinger vor sich abzeichnenden Fehlentwicklungen gewarnt. „Und auf dem Katholikentag in Bensberg 1966 hielt er eine beachtete Rede, die aber auch kritisiert wurde, weil er nicht das freudig-optimistische Bild der Kirche nach dem Konzil zeichnete, das damals so verbreitet war, dass es fast zur ‚political correctness' gehörte. Als er zehn Jahre nach Konzilsbeginn, 1972, eine Standortbestimmung versuchte, fiel diese noch kritischer aus."

Er selbst, so Schönborn, habe die nachkonziliare Zeit nicht nur als Aufbruch, sondern auch als Abbruch erlebt, als Niedergang in großem Ausmaß, in dem sich freilich auch Hoffnungsvolles zeigte. „Ich habe den massiven Exodus von Priestern und Ordensleuten erlebt – es sollen zwischen 1965 und 1985 an die 80.000 gewesen sein. Besonders dramatisch war der Zusammenbruch in Ländern, die als Bastionen des Katholizismus galten, in den Niederlanden und der Schweiz. Frankreich kannte einen unbeschreiblichen Niedergang, dessen Konsequenzen heute sichtbar sind. 100 Prozent der kleinen, 80 Prozent der großen Seminare schlossen in wenigen Jahren. Die religiöse Praxis zerfiel bis auf erschütternd kleine Reste. In den ideologischen Kämpfen zwischen ‚progressiv' und ‚konservativ' wurden die Volksreligiosität und die Katechese weitgehend zerrieben. Aber auch im milderen Klima Österreichs ist die Bilanz ernüchternd, wenn Kirchenaustritte und Messbesuch Indikatoren sind. Wer die Augen vor der gewaltigen Krise, die stellenweise einem Kollaps gleicht, nicht verschließt, wird sich fragen müssen: Ist das Konzil zumindest Mitverursacher der Krise? Oder gilt hier: Post hoc ist nicht propter hoc [Nach dem Ereignis heißt nicht wegen des Ereignisses]?"

Schönborn kritisierte eine „massive Selbst-Säkularisierung" der Kirche: „Statt die Gesellschaft von innen her mit der Dynamik des Evangeliums zu verwandeln, haben wir uns jahrelang mit innerkirchlichen Strukturdebatten und -reformen befasst. Statt den Geist des Evangeliums durch die geöffneten Fenster und Türen in die Welt hinauszutragen, ist vielfach der Geist der Welt in die Kirche hingekommen."

Freilich würdigte Kardinal Schönborn auch den großen Fortschritt durch das Konzil. Als „Herzstück" des Konzils etwa nannte Schönborn die Kirchenkonstitution „Lumen Gentium". Noch nie in ihrer Geschichte habe die Kirche „sich selber" so klar „gesagt", wer sie ist, was ihr Wesen, ihr Geheimnis, ihre Struktur und ihre Sendung ist. „Diese Vision der Kirche ist eine Verheißung für die Zukunft." Die Erklärung zu den nichtchristlichen Religionen, das tief greifend neue Verhältnis zum Judentum oder die Erklärung über die Religionsfreiheit nannte Schönborn als weitere Stoßrichtungen. Ebenso zählte der Kardinal dazu den Versuch der Pastoralkonstitution „Gaudium et spes", das soziale, gesellschaftliche und kulturelle Engagement nicht wie einen Fremdkörper zur Geheimnisdimension der Kirche hinzukommen zu lassen, sondern als einen Auftrag zu sehen, der dem innersten Wesen der Kirche entspricht.

Wer an diesem 12. Oktober 2005 den „dies facultatis" den ganzen Tag lang „durchgehalten" hat, ist Zeuge von verschiedenen Akzentsetzungen und Interpretationen des Konzils geworden, von mir und von Kardinal Schönborn.

Das römische Dossier

Oder: Die Vorwürfe gegen mein Konzilsbuch „Im Sprung gehemmt"

Zu einer grundlegenden und persönlichen Auseinandersetzung über das Konzil und seine Folgen war es zwischen Kardinal Schönborn und mir schon einige Jahre vor der eben zitierten Konzilsbilanz 2005 gekommen. 1998 hatte ich ein Buch geschrieben mit dem Titel „Im Sprung gehemmt". Es kam im Verlag St. Gabriel heraus und gab eine gut lesbare Übersicht über das Konzil, seine Dokumente und ihre Entstehungsgeschichte. Dann fügte ich an, was meiner Meinung nach nicht oder noch nicht im Geiste des Konzils weitergearbeitet worden war. Wo mir also der so verheißungsvolle „Sprung nach vorne", von dem Papst Johannes XXIII. in seiner Eröffnungsrede des Konzils am 11. Oktober 1962 gesprochen hatte, auf dem Konzil und gleich nach dem Konzil nun „gehemmt" erschien. Daher auch der Untertitel des Buches: „Was mir nach dem Konzil noch alles fehlt".

Das Interesse an diesem Buch hat mich völlig überrascht. Es erlebte vier Auflagen plus einer eigenen Ausgabe des Buchklubs Donauland. Weit über 20.000 Exemplare wurden verkauft. Ich bin durch dieses Buch im gesamten deutschen Sprachraum bekannt geworden. Es wurde beinahe ein Standardwerk – den einen zur Ermutigung, den anderen, wie sie meinten, als sprechendes Beispiel für ein falsches Konzilsverständnis. Aus Anlass 50 Jahre Ankündigung des Konzils gaben die Mitglieder der Konferenz der deutschsprachigen Pastoraltheologinnen und -theologen einen Sammelband heraus mit dem Titel „Den ‚Sprung nach vorn' neu wagen". Im Klappentext wird dieser Titel ausdrücklich mit meinem Buch „Im Sprung gehemmt" begründet.

Wann man über mein Buch auch in Rom – genauer gesagt in der Glaubenskongregation – zu reden und kritisieren begonnen hat, weiß ich nicht. Ich weiß auch nicht, wer die Diskussion dort angeregt, vielleicht sogar „angezündet" hat. 2001 jedenfalls hat mich Kardinal Schönborn, der ja auch Mitglied der Glaubenskongregation ist, darüber informiert. Da dieses Gespräch für mein Leben und Wirken als Bischof so einschneidend war und weil es wohl das persönlichste Gespräch ist, das ich überhaupt in meiner langen Zusammenarbeit mit Schönborn hatte, habe ich es mir bis in die Einzelheiten gut gemerkt.

Am 15. Jänner 2001, einem Montag, rief Kardinal Schönborn mich an. Er sagte, „da liegt ein Dossier vor", und fragte, wann ich zu ihm kommen könne. Ich antwortete, sofort. Der Kardinal saß beim Abendessen in der Küche. Es dauerte noch 20 Minuten, bis Schönborn mit dem Essen fertig war. Die Unterredung fand dann von 19 bis 21.30 Uhr in seinem Wohnzimmer bei einem Glas Martini statt. Ich fand die Atmosphäre beinahe amikal. Dennoch habe ich bei dieser Gelegenheit zum ersten Mal erkannt, wie gegensätzlich der Kardinal und ich das Zweite Vatikanische Konzil sehen. Ich hatte den Eindruck, dass er von Rom den Auftrag bekommen hatte, ein Gespräch mit mir zu führen.

Der Kardinal sagte mir, dass in der Glaubenskongregation ein Dossier gegen mein Konzilsbuch aufliege. Er zählte dann die wesentlichen Vorwürfe Roms gegen mein Buch auf:

```
- Ich würde ein Bild vom Zweiten Vatikanischen
  Konzil vermitteln, das sich sehr bewusst vom
  Tridentinischen Konzil und vom Ersten Vati-
  kanischen Konzil absetzt. Gerade so, als ob
  das Zweite Vatikanum vieles ganz neu gesehen
  und gesagt hätte.
- Ich würde die Konzilstexte als Kompromiss-
  texte deuten, mit der Folge, dass man nichts
  Sicheres daraus ableiten könne, sondern im-
```

mer der Kontext der Entstehung mit Entwür-
fen, Gegenentwürfen und letztlich Kompromis-
sen mitbedacht werden müsse.
- Ich würde für die Weihe von Frauen eintreten.
- Ich würde Kritik an römischen Dokumenten
üben, vor allem an den Enzykliken „Humanae
vitae" (Papst Paul VI. zur Empfängnisregelung) und „Familiaris consortio" (Postsyno-
dales Schreiben von Papst Johannes Paul II.
nach der Weltbischofssynode über Ehe und Familie).
- Ich würde Kritik am Codex Iuris Canonici von
1983 üben, dass er nicht in allem den Vorgaben des Konzils entspräche, und ebenso den
Weltkatechismus kritisieren.
- Ich würde den Zentralismus in der römisch-
katholischen Kirche kritisieren.

In meiner ersten Antwort darauf sagte ich, Papst Johannes XXIII.
habe mit dem von ihm ausgerufenen Konzil doch wohl nicht nur
eine Wiederholung der vorausgegangenen Kirchenversammlun-
gen angestrebt, sondern etwas Neues. Bei den Konzilstexten sei es
tatsächlich so, dass sie zu unterschiedlichen Interpretationen ver-
leiteten. Daher sei es erforderlich, die Entstehung der Texte zu be-
rücksichtigen. Dass ich für die Weihe von Frauen eintreten würde,
sei in dem Buch nirgendwo belegt. Ich glaube zwar, dass man theologisch darüber diskutieren kann – wie es viele Theologen tun –,
dass aber eine Weihe von Priesterinnen zurzeit keinesfalls in Frage komme. Zur Frage der Empfängnisregelung berufe ich mich
darauf, dass „Humanae vitae" von mehr als 30 Bischofskonferenzen, darunter auch die österreichische, nicht in vollem Umfang
angenommen worden sei.

Persönlich getroffen hatte Schönborn offensichtlich meine Kritik am Weltkatechismus. Der Kardinal warf mir vor, dass ich die Stellungnahmen deutscher Theologen auf einer Tagung am 20. Mai 1993 in der Katholischen Akademie in Bayern zu dem eben veröffentlichten Weltkatechismus kritiklos übernehmen würde, obwohl er über die Wortmeldungen dort entsetzt war.

Schließlich debattierten wir noch über den Zentralismus. Schönborn fragte, wo ich denn einen solchen sehen würde. Ich wies auf die Maßregelung der deutschen Bischöfe in der Frage der Schwangerenberatung hin und erwähnte die Notwendigkeit, dass alle Beschlüsse einer Bischofskonferenz nach Rom zu melden sind. Und dass, wo in ganz wichtigen z. B. theologischen Fragen keine Einstimmigkeit erfolgte, Rom selbst entscheidet. Schönborn fragte zurück, wo ich denn belegen könne, dass das Konzil die Bischofskonferenzen aufwerten wollte. Ich verwies auf das Dekret über die Hirtenaufgabe der Bischöfe in der Kirche, besonders die Artikel 37 und 38, und dass die außerordentliche Bischofssynode 1985 ausdrücklich den Auftrag gegeben habe, die juridische Stellung der Bischofskonferenzen noch zu spezifizieren. Leider kam aber dann 1998 in dem päpstlichen Motuproprio „Apostolos suos" eine empfindliche Einschränkung. Und was die Bischofssynoden in Rom anlangt, die ein Instrument der Mitsprache der Bischofskonferenzen durch ihre Delegierten auf der Ebene der Weltkirche sein sollten, sei im Laufe der Jahre die Kritik gewachsen, dass sie zu wenig effektiv seien.

Im Laufe des Gesprächs bekam ich den Eindruck, dass es Kardinal Schönborn gar nicht so unrecht war, die genannten Vorwürfe im Namen Roms gegen mich vorbringen zu können. Er teilte sie offenbar, hätte sie mir aber selbst wohl nicht so direkt gesagt. Schönborn erläuterte dann ausführlich den „Niedergang", der seit dem Konzil in der römisch-katholischen Kirche eingetreten sei. Es hätten sich viele Kräfte entwickelt, die das Konzil für ihre eigenen Interessen missbraucht hätten – mit dem Ziel, die Kirche von

Grund auf zu verändern. Schönborn sprach von Irrungen und Wirrungen in seinem eigenen Orden, den Dominikanern. Es gebe dort Mitglieder, die die Kirche nur mehr als soziologische Größe sehen wollten. Dazu käme die Erschütterung der Kirche durch die furchtbar große Zahl von Priestern, die aus ihrem Amt ausgeschieden seien.

Für die Interpretation der Konzilstexte ist nach Meinung Schönborns jeweils die Endfassung maßgebend. Die Eingriffe des Papstes in die Endredaktion der Texte und die dadurch entstandenen Kompromissformeln sieht er als „ein Plus des Heiligen Geistes". Schönborn unterstrich, dass er nicht auf die historisch-kritische Methode zur Interpretation von Konzilstexten vertraue.

Ich hielt dazu fest, dass es bei der Relektüre des Konzils darauf ankomme, ob man jene Aspekte, die die Tradition fortschreiben, mehr oder gar allein betonen wolle, oder jene, die den Weg für die Zukunft weisen. Ich berief mich auf den Papst, der das Konzil einberufen hatte, und sagte: „Nimmt man die Zielsetzung des Konzils ernst, wie Papst Johannes XXIII. sie in seiner Eröffnungsansprache so deutlich gemacht hat, wird es wohl zuerst um das Zukunftsweisende gehen müssen, um jenen Sprung, zu dem das Konzil angesetzt hat. Wer alle Konzilsaussagen nur aus der Tradition erklären will, hemmt den nötigen Fortschritt."

Schönborn warf mir vor, dass ich in meinem Buch „die verheerenden Folgen des Konzils" ausgeblendet hätte. Wiederholt meinte der Kardinal, dass ich polemisieren würde – was ich entschieden zurückwies: „Unter Polemik verstehe ich eine böswillige Kritik, die mir niemand vorhalten kann."

Weniger kontrovers war in diesem Gespräch dann unsere Sichtweise der Bischofsernennungen in Österreich nach Kardinal Franz König. Schönborn sprach davon, dass Papst Johannes Paul II. selbst eine Wende in Österreich wollte. Im Konkreten hätten einflussreiche Kreise aus Salzburg dabei mitgewirkt. Auch im Hinblick auf die Seelsorge für wiederverheiratete Geschiedene trafen

Schönborn und ich uns in gemeinsamer Sorge. Der Kardinal forderte mich auf, ihm eine Lösung zu nennen. Ich verwies auf die Praxis der orthodoxen Kirchen, die eine weitere Eheschließung tolerieren und die Eheleute segnen. Schönborn dazu: „Ich halte sehr viel von der Ostkirche. Das wäre dann eine Möglichkeit, dass wir die Brautleute segnen, ohne zu verlangen, dass sie sexuell enthaltsam leben müssten." Damit trafen wir uns mit jener Meinung, die der junge Dogmatiker Joseph Ratzinger schon Anfang der 1970er-Jahre vertreten hatte.

Die Vorladung
Oder: Kritische Gutachter und Kardinal Ratzinger als Freund

Am 5. August 2002 hat Kardinal Schönborn mir beim Frühstück einen Brief des Präfekten der Bischofskongregation, Kardinal Giovanni Battista Re, ausgehändigt. Der an mich adressierte Brief trug das Datum vom 28. Juni 2002 Prot. N. 1007/77 und war geöffnet. Er enthielt eine Reihe von Vorwürfen gegen meine Bücher „Im Sprung gehemmt" und „Neue Freude an der Kirche". Sie gingen in dieselbe Richtung, wie sie bereits in dem Gespräch mit Kardinal Schönborn im Jänner 2001 angeklungen waren: Ich hätte mit der gewünschten Reform der Kirche vor allem die Zulassung von wiederverheirateten Geschiedenen zu den Sakramenten gemeint, die Abschaffung des Zölibats, die Zulassung der Frauen zu den Weiheämtern und eine uneingeschränkte Freiheit der Theologen.

Am 3. September 2002 antwortete ich auf den Brief aus Rom und erklärte: „Mich haben diese Feststellungen verwundert, da bei genauer Lektüre der beiden Bücher diese Akzentsetzung doch nicht zu erkennen ist, vor allem aber auch nicht meiner Absicht entspricht." Daraufhin teilte Kardinal Re in einem zweiten Brief vom 9. Dezember 2002 mit, dass meine Antwort dem Präfekten der Glaubenskongregation, Kardinal Joseph Ratzinger, nicht genüge. Ich müsse daher nach Rom zu einer Aussprache kommen. Die Begründung: „Nach eingehender Lektüre Ihres Briefes sind die beiden Kongregationen (Bischofskongregation und Glaubenskongregation, Anm.) zu der Auffassung gelangt, dass Ihre Klarstellungen zu den in meinem Brief angesprochenen Punkten die ernste Besorgnis über einige von Ihnen vertretene Positionen nicht zu entkräften vermögen. Schließlich gibt der von Ihnen in der deutschen Wochenzeitung ‚Rheinischer Merkur‘ vom 3. Oktober 2002 unter dem Titel ‚Gebremster Sprung‘ veröffentlichte Beitrag dem Heiligen Stuhl weiteren Anlass zur Sorge, da er Ideen enthält, die nicht geteilt werden können. In Absprache mit der Kongregation für die Glaubenslehre möchte ich Sie daher zu einem vertiefenden und klärenden Gespräch über die in meinem Schreiben vom vergangenen 28. Juni aufgeführten Punkte einladen.‟

Schönborn übergab mir dieses zweite Schreiben aus Rom kurz vor Weihnachten 2002. Ich war über diese Vorladung sehr gekränkt. Ich war der Meinung, dass ich viel für die katholische Kirche getan hätte – und jetzt kommt nach so vielen Jahren eine Vorladung in den Vatikan, bei der ich in einem „vertiefenden und klärenden Gespräch‟ Anschuldigungen gegen mein Buch widerlegen sollte. Was alles in der Glaubenskongregation gegen mich auflag, wusste ich nicht genau. Die Anschuldigungen im ersten Brief waren allgemeiner Natur und den Inhalt der Bücher gar nicht treffend. Kardinal Schönborn hatte in dem erwähnten denkwürdigen Gespräch am 15. Jänner 2001 von einem „Dossier‟ gesprochen, das ich aber bis dahin nicht zu Gesicht bekommen hatte. Erfreulicherweise konnte ich später Einsicht nehmen, obwohl das im Verfahren nicht vorgesehen war.

Das Dossier umfasste 53 Seiten, zum Teil dicht beschrieben. Es enthielt sechs Expertisen von theologischen Gutachtern und vier Stellungnahmen von Mitgliedern der Glaubenskongregation.

Die Qualität dieser Gutachten war sehr unterschiedlich, der Tenor nicht nur negativ. So hieß es in einem: „Das Buch ist flüssig und gut verständlich geschrieben, so dass auch Nicht-Theologen dem Autor leicht folgen können." Korrekt stellt der betreffende Gutachter die von mir genannten Herausforderungen dar: die pluralistische und säkulare Gesellschaft, der verminderte Einfluss der Kirche auf die Politik, die Krise der Autoritäten, das gewachsene Selbstbewusstsein der Menschen, das „Privat-Ethos", den Wandel in Ehe und Familie, die Frauenfrage und das neue religiöse Bedürfnis.

Dann wird aus dem Buch „Im Sprung gehemmt" ein Abschnitt über die Auswahl von Bischofskandidaten (S. 203) „als Schlüssel für das Verständnis des ganzen Buches" ausführlich zitiert: „Statt fruchtbarer Spannung kommt es heute leider oft allzu bald zu Zensuren. Und die ‚Rechtgläubigkeit' eines Kandidaten für einen theologischen Lehrstuhl oder auch für das Bischofsamt wird sogar in offiziellen Fragebögen danach beurteilt, wie er sich zur Frage der Empfängnisverhütung geäußert hat, zur Pastoral an wiederverheirateten Geschiedenen, wie er über eine mögliche Veränderung des Zölibatsgesetzes denkt oder ob er sich nicht klar genug gegen die Möglichkeit der Priesterweihe für Frauen ausgesprochen hat. Eine besondere Verantwortung für die Kirche tragen Bischöfe, die vorher Theologieprofessoren gewesen sind. Bisweilen aber hat man den Eindruck, dass die Verantwortung des Bischofsamtes ihnen die Freiheit theologischer Argumentation raubt und sie nun selbst in Frage stellen, was sie früher mit sehr guter Begründung gelehrt haben."

In seiner Schlussfolgerung stellt der betreffende Gutachter fest, dass mein Buch aus der fragenden Perspektive der Theologie heraus „eine Weiterentwicklung der Lehre in einigen Gebieten" anrege – und das „unter Vermeidung von Polemik". Die Aufgabe des Lehramtes, Einheit zu stiften und die Tradition zu wahren, habe in meinen Ausführungen allerdings „nicht das gleiche Gewicht".

„Aufgrund der genannten Voraussetzungen erscheint ein geduldiger Dialog mit Krätzl weiterhin als möglich, mit dem Ziel, die Aufgaben des authentischen Lehramtes stärker in den Blick zu bringen."

Ein anderer Gutachter weist dagegen meine Thesen „als theologisch unhaltbar, einseitig, objektiv im Widerspruch zur kirchlichen Glaubens- und Morallehre" zurück. Ich sei blind dafür, „das wahrhaft Gute in der nachkonziliaren Entwicklung von der Spreu bloßer Erneuerungssucht zu unterscheiden". Ich würde die Lehre des Konzils über die Religionsfreiheit als Abkehr von der Tradition betrachten, ich würde Diakone und Laien als Spender der Krankensalbung für möglich halten, ich würde für die Wahlfreiheit beim Zölibat eintreten und die Weihe von ‚viri probati' zu Priestern verlangen. Eigentlich müsste ich als Weihbischof zurücktreten.

Wieder ein anderer Gutachter konzidiert vorab, „dass man in Krätzls Buch keine Häresien im kirchenrechtlichen Sinn finden wird". Sein Vorwurf geht aber dahin, dass ich das Konzil als Erneuerung im Sinne eines Bruchs mit der überlieferten Lehre der Kirche deute. Daraus folge mein falsches Verständnis von der Aufgabe der Kirche: „Diese hat nicht mehr einen Schatz von unveränderlichen Wahrheiten zu hüten, zu verteidigen und jeder Zeit neu zu verkünden; sondern ihre Aufgabe besteht nun darin, in weiser Beachtung der jeweiligen Zeitumstände gegebenenfalls auch ihre Lehre der kulturellen Entwicklung anzupassen (...) Tendenziell führt die Position Krätzls zur Leugnung des Beistands, den der Heilige Geist dem kirchlichen Lehramt gewährt, was zur Folge hätte, dass die Indefektibilität der Kirche und ihre universale Heilssendung preisgegeben werden. Und das wäre dann bereits Häresie."

In dem Dossier zu meinem Buch stand in einem Votum auch die Anmerkung, dass ich nicht nach Rom zitiert werden sollte, sondern dass es Aufgabe des zuständigen Diözesanbischofs wäre, mit dem Weihbischof zu reden. Aber das hatte doch Schönborn schon ein Jahr vorher getan.

Für das nun trotzdem eingeforderte Gespräch mit den Kardinälen Ratzinger und Re in Rom wurde der 31. Jänner 2003 als Termin vereinbart. Ich ersuchte Weihbischof Ludwig Schwarz, mich zu begleiten, weil er ausgezeichnet Italienisch kann und ich nicht wusste, in welcher Sprache ich mich zu verteidigen hätte. Mein schwaches Italienisch hätte dafür nicht genügt. Schönborn teilte mir daraufhin mit, dass er von Rom gebeten worden war, auch selbst mitzukommen.

Zur Vorbereitung der Romfahrt nahm ich mit Nuntius Karl Josef Rauber Kontakt auf, der mit mir in Rom studiert hatte und nun Nuntius in Budapest war. Noch dazu hatte er sehr gute Beziehungen zu Kardinal Re. Anfang Jänner fuhr ich bei gefährlichem Glatteis (war das schon symptomatisch für das römische Gespräch?) nach Budapest. Ich wollte mit Rauber die Strategie besprechen. Er sagte, er werde in Rom anrufen und bei Kardinal Re ein Wort für mich einlegen. Er gab mir aber den Rat: „Sei vorsichtig und provoziere nicht!"

Unser Flug am 31. Jänner hatte Verspätung. Der Termin in der Bischofskongregation musste verschoben werden. Letztendlich kam das Gespräch aber doch zustande: Auf der einen Seite saßen die Kardinäle Ratzinger und Re, auf der anderen Kardinal Schönborn, Weihbischof Ludwig Schwarz und ich als „Beschuldigter". Auf dem Tisch lagen meine beiden Bücher „Im Sprung gehemmt" und „Neue Freude an der Kirche". Nach einer kurzen, aber durchaus freundlichen Einbegleitung durch Kardinal Re auf Italienisch nahm Kardinal Ratzinger das Wort und sprach beinahe eine Stunde lang auf Deutsch mit mir.

Ratzinger referierte zunächst gar nicht über mein Buch, sondern sprach von allgemeinen Problemen in der Kirche, die ihm Sorge bereiten. Etwa Entwicklungen in der Bibelexegese, die unter Überbetonung der historisch-kritischen Methode allzu viel in

Frage stelle und den wahren historischen Hintergrund nur schwer erkennen lasse. Weiters beklagte er Vorgänge in der Kirche Lateinamerikas. Allgemein fürchte er, dass die Einheit der Kirche in Gefahr sei, wohl auch durch theologische Meinungen im Widerspruch zum Lehramt. Erst später ging Ratzinger dann auf verschiedene Vorwürfe ein, die ich schon aus dem Dossier und dem Gespräch mit Kardinal Schönborn kannte. Etwa meine Feststellung, dass der neue Codex Iuris Canonici nicht alle Vorgaben des Konzils eingearbeitet habe, meine Kritik am Weltkatechismus und an nachkonziliaren römischen Erlässen, die den vom Konzil gewollten Fortschritt eher hemmen würden.

Näher ging Ratzinger auf ein Kapitel in meinem Buch „Neue Freude an der Kirche" ein, das den für ihn wohl provokanten Titel hat: „Dominus Jesus – war das Konzil in der Ökumene nicht schon weiter?" Er konzentrierte sich auf meine Aussagen zum Begriff „subsistit", das, wie ich meinte, nach dem Diskussionsgang beim Konzil weiter auszulegen sei, als es in „Dominus Jesus" geschieht. Aber gerade darüber hatte der Kurienkardinal schon mit Leonardo Boff eine öffentliche Auseinandersetzung, die er auch erwähnte. Was meine Kritik am Weltkatechismus anlangte, versprach Kardinal Ratzinger, mir einen Vortrag zuzuschicken, den er 2002, zehn Jahre nach Erscheinen des Katechismus, gehalten hatte. Tatsächlich bekam ich wenige Tage später postwendend das Manuskript mit handgeschriebenen freundlichen Grüßen vom Autor. Bei seinem nächsten Besuch in Wien wollte er mir noch mehr über die Bedeutung des „subsistit" sagen. Dazu kam es leider nicht. Seine Kritik an meinen Positionen fasste er dann wohl mit der Frage zusammen, wohin denn meiner Meinung nach der Sprung der Kirche gehen sollte, von der ich schrieb.

Der ganze Dialog zwischen Kardinal Ratzinger und mir – es beteiligte sich daran sonst niemand – entsprach nicht dem, wovor Rauber mich gewarnt hatte. Ich kam mir gar nicht so als der „Angeklagte" vor, sondern Kardinal Ratzinger äußerte seine Sorgen über so manche allgemeine Entwicklung in der Kirche, natürlich mit der Absicht, vieles von meiner Kritik dadurch zu entkräften. Aber ich durfte in einem völlig unaufgeregten Klima mich jeweils verteidigen. Das veranlasste mich zu der Feststellung: „Herr Kardinal, ich freue mich, dass ich hier ganz offen reden darf." Ratzinger meinte daraufhin: „Wir sind doch alte Freunde." Er hat sich wohl erinnert, dass wir 1962 während der ersten Session des Konzils unter einem Dach in der Anima gewohnt hatten. Im Blick auf die beiden inkriminierten Bücher aber sagte er mir: „Schreiben Sie jetzt etwas anderes." Ich daraufhin erstaunt: „Das heißt, ich darf weiterhin schreiben?" Ratzinger: „Ja, selbstverständlich."

Meine größte Sorge, dass die Glaubenskongregation mir ein Schreibverbot erteilen würde, war damit aus der Welt. In dieser Erleichterung habe ich von mir aus angeboten, dass ich keine weitere Auflage des Buches „Im Sprung gehemmt" herausbringen würde. Ich war insgesamt über das Ergebnis dieses Gesprächs sehr glücklich und habe mit Weihbischof Schwarz sofort danach ausgiebig im Restaurant „Quattro Mori" gefeiert. Kardinal Schönborn konnte leider nicht mitgehen, da er unmittelbar nach unserem Gespräch einen anderen wichtigen Termin hatte. So habe ich weder an jenem Abend noch später erfahren, wie Schönborn das Gespräch beurteilt hat.

Als ich mich am 14. April 2003 bei Kardinal Ratzinger für die Übersendung des Vortrags über den Weltkatechismus und in besonderer Weise noch einmal für das so gute Klima bei der Aussprache in Rom bedankte, schickte er mir eine gedruckte Osterkarte, fügte aber handschriftlich dazu: „Lieber Herr Weihbischof! (…) Auf unterschiedliche Weise versuchen wir doch das Gleiche zu tun: dem Herrn in seiner Kirche zum Heil der Menschen zu dienen." Und darunter stand: „Herzlich Ihr Joseph Kardinal Ratzinger"

Wenn ich im Nachhinein noch einmal das Gespräch mit Kardinal Ratzinger und die fast freundschaftliche Atmosphäre betrachte, bezweifle ich, dass Ratzinger selbst die treibende Kraft für mei-

Lieber Herr Weihbischof!

Zur Feier des Osterfestes übermittle ich in aufrichtiger Freude meine besten Grüße. Ich danke von Herzen für Ihr freundliches Gedenken und wünsche Ihnen die Kraft und den Segen des auferstandenen Herrn.

Herzlichen Dank für Ihren guten Brief. Auf unterschiedliche Weise versuchen wir doch den Frieden zu bauen: dem Kommen seines Reiches durch Heil der Menschheit zu dienen.

Herzlich Ihr

+ Joseph Card. Ratzinger

ne „Vorladung" gewesen ist. Ich kann mir vorstellen, dass Mitglieder der Glaubenskongregation, vielleicht angestoßen von „außen", die Intervention verlangten und der Präfekt diese ausgeführt hat. Der Gedanke kam mir vor allem, weil fast zur gleichen Zeit eine überraschend starke Attacke gegen mich in Deutschland geritten wurde.

Kardinal Leo Scheffczyk hat in der von ihm zusammen mit Kurt Krenn und Anton Ziegenaus herausgegebenen Vierteljahresschrift „Forum Katholische Theologie" in Heft 4/2002 auf zehn Seiten mein Buch „Im Sprung gehemmt" vernichtend beurteilt. Kernpunkte seiner Kritik unter dem Titel „Falsche und wahre Reform" waren meine Forderungen nach einem Weiterdenken des Konzils in der Liturgiereform, der Entdeckung der Kirche als Communio, dem Neuverständnis von Bibel, Ehe, verantworteter Elternschaft,

Religionsfreiheit und Ökumene. Ich habe davon Universitätsprofessor Gisbert Greshake erzählt, der lange Zeit Dogmatiker in Wien war. Greshake hat spontan als Gegenposition zu diesem „Verriss", wie er die Rezension von Kardinal Scheffczyk nannte, eine Glosse unter dem Titel „Ja, aber!" geschrieben:

Man reibt sich die Augen! Da erscheint in einer der profiliertesten theologischen Zeitschriften der „rechten Reichshälfte" ein zehnseitiger (!) Verriss des Buches „Im Sprung gehemmt" des Wiener Weihbischofs Helmut Krätzl durch einen führenden Theologen eben der gleichen „Reichshälfte", nämlich durch Kardinal Leo Scheffczyk. Während Weihbischof Krätzl in seinem Buch dazu ermutigen will, im „Sprung" des Konzils nach vorn nicht zu erlahmen oder ihn gar zurückzunehmen, ist das Strickmuster der Kritik durchgehend das Gleiche: ein gewisser „Sprung" ins „Neue" ja, aber zugleich und noch mehr ein „Zurück" zum Alten. Einige Beispiele: „Kirche ist Gemeinschaft" (communio) ja!, aber „communio hierarchica". Kirche ist Abbild des trinitarischen Gottes und darum vielfältig, ja!, aber die Vielfalt gründet innertrinitarisch in der Einheit des göttlichen Wesens und muss darum auch ekklesiologisch an die Einheit rückgebunden bleiben. „Glaubenssinn der Gläubigen", ja!, aber nur als „Reflex der geltenden Tradition, dessen Entstehen nicht ohne das authentische Zeugnis der lehrenden Kirche zu erklären ist und dem deshalb auch keine Entscheidungsvollmacht in Glaubenssachen zukommt" (288). Weiterentwicklung des Offenbarungsverständnisses auf dem Konzil, ja!, aber (in haargenauer Umkehrung der konziliaren Schwerpunkte!) indem es „nicht nur (!) auf

‚Information' blickt, sondern auch (!) auf Kommunikation mit dem in Worten und Taten verwirklichten Heilshandeln Gottes" (289) usw.

Mit all dem aber ist dieser Verriss paradoxerweise einer der besten Belege für die Grundthese des Buches von Krätzl, wie sie sich im Titel äußert „Im Sprung gehemmt". Denn in dieser groß angelegten Kritik wird das „Neue" des Konzils im gleichen Atemzug paralysiert - indem gerade das „Alte", wovon aus das Konzil nach vorn springen wollte, den absoluten Vorrang erhält und somit der Sprung gehemmt, wenn nicht gar unmöglich gemacht wird.

Man reibt sich die Augen! Auch wenn bestimmte kritische Hinweise von Scheffczyk durchaus diskutabel sind und ich selbst auch einige Anmerkungen zum Werk Krätzls zu machen hätte, übersteigt seine Kritik das Maß jeden Anstands, indem sie - voller Unterstellungen - ihre Evidenz nicht ohne ständigen „Schlag unter die Gürtellinie" findet. So wird das Ganze des Buches als „rom- und kirchenkritisch" bestimmt (287), als Buch, dem „das gewisse ‚sentire cum ecclesia' abgeht" (294), als „affektgeladene ‚Entrüstungstheologie'" (289). Jeder, der Weihbischof Krätzl auch nur ein wenig kennt, weiß, wie all das ins totale Leere geht. Weiter: Die Mahnung von Krätzl, die Kirche habe doch wohl „andere Formen gelebter Sexualität differenzierter zu werten", wird mit der Unterstellung „d. h. wohl auch anzuerkennen" (291) kommentiert. Ferner wird dem Buch der alte „gallikanische Irrtum" der Rezeptionsnotwendigkeit kirchlicher Lehrentscheidungen vorgehalten und als dessen „Prägemal" „die Nichtbeachtung der Wahrheitsfrage" bestimmt, ja es wird insinuiert, dass hier eine Reform der

Kirche angemahnt wird „unter beständigem Ange-
hen gegen die glaubensverbindliche Tradition,
gegen das lebendige Lehramt wie gegen den Papst
und damit gegen die Kirche selbst" (293f).
Wenn das kein starker Tobak ist!

Bei all dem entgeht dem Kritiker, dass er
sich gelegentlich selbst widerspricht, im Zir-
kel argumentiert oder die theologische Diskussion nicht zu kennen scheint: So pariert er die
von Krätzl geforderte Barmherzigkeit bzgl. der
Zulassung von wiederverheirateten Geschiedenen
zu den Sakramenten mit der Bemerkung: „Ein
neuerlicher Barmherzigkeitserweis Gottes oder
der Kirche könnte nur gegen die Geltung der Sakramente und den Willen Gottes gerichtet sein"
(292). Aber um alles in der Welt! Genau diese
„Barmherzigkeit" wird in den Ostkirchen praktiziert, von denen Scheffczyk an anderer Stelle sagt, dass die Ostkirchen „den christlichen
Glauben in mancher Hinsicht integrer bewahrt
haben als die westliche Christenheit" (290).
Was also gilt jetzt? Haben die Ostkirchen eine
Praxis gegen den Willen Gottes oder haben sie
auch hier den Glauben integer bewahrt? Von der
Lehrentscheidung Pauls VI. bzgl. der Geburten-
regelung heißt es, dass sie „von vielen Kundigen als prophetische Tat einer für die wahre
Zukunft der Menschheit Verantwortung tragenden
Kirche gewertet wurde" (292). Bitte, wer und
wo sind die „vielen Kundigen"? Oder ist man
eben nur dann „kundig", wenn man die Entscheidung Pauls VI. entsprechend wertet? (...) Die
These des Kritikers, „Die Behauptung [ist] un-
annehmbar, dass die beiden Kirchenbilder (der
Communio und des hierarchischen Organismus)
unvereinbar seien" (288), nimmt offenbar nicht
wahr, dass es mindestens bezüglich der Unver-

einbarkeit des ekklesiologischen Ansatzes
längst einen consensus theologorum gibt. Und
so könnte man fortfahren.

Gewiss, über all das und vieles andere lässt
sich sachlich diskutieren. Aber ist es sinn-
voll, eine solche Diskussion an einem Buch
festzumachen, das ja zunächst einmal eher eine
pastorale Ermutigung, den Weg des Konzils
kraftvoll weiterzugehen, sein will, während
Scheffczyk dieses Werk wie einen in jeder Hinsicht austarierten dogmatischen Grundlagentext
nimmt und dann entsprechend kritisiert. Wenn
man „Textsorten" derart vermengt, würde auch
eine Fülle von Bibeltexten vor den Augen des
dogmatischen Beckmessers nicht bestehen können. Man reibt sich die Augen und kommt ins
Grübeln! Wie kommt der Fachdogmatiker Scheffczyk dazu, sich derart detailliert auf dieses
Buch einzuschießen? Sollte das gar von jemand
anderem initiiert sein? Bitte, bitte, das soll
keine Unterstellung sein. Aber - wie der Wiener sagt - „froagn werd ma wo noch derfen!"

Ganz präzise gefragt: Aus welchem Grund und
zu welchem Ziel wird hier das Buch eines hoch
angesehenen, kirchlich engagierten, tieffrom-
men und pastoral orientierten Bischofs derart
niedergemacht? Das ist die eigentlich interes-
sante Frage, die diese entmutigende General-
kritik an einem ermutigenden Buch bei mir aus-
löst.

Ich habe den Artikel von Greshake an die Jesuitenzeitschrift
„Stimmen der Zeit" geschickt. Deren Chefredakteur Andreas R.
Batlogg hatte mein Buch seinerzeit sehr gewürdigt und mir sogar
für eine weitere Ausgabe eigenhändig ein Personenregister er-

stellt. Den Beitrag von Greshake wollte Batlogg aber nicht abdrucken, da er sonst vorher den „Verriss" von Scheffczyk hätte bringen müssen. Dieser sei aber so unqualifiziert, dass er nicht in seine Zeitschrift passte. Ich veröffentliche hier die ganze Geschichte mit Kardinal Scheffczyk, weil ich überzeugt bin, dass er ein Sprachrohr auch für andere war, die wahrscheinlich ihren Weg nach Rom zu einer Anklage gegen mich gesucht und gefunden haben.

Aber nicht nur Greshake bin ich dankbar für die Würdigung meines Buches und meiner Absicht. Der renommierte deutsche Theologe Otto Hermann Pesch meint, das Buch sei theologisch sehr reflektiert, meine Position sei mit vielen Quellenangaben belegt, und trotzdem sei es auch für den theologisch interessierten Laien sehr gut lesbar. Pesch hat es zu meiner Freude, wenn er über das Konzil schrieb, wiederholte Male zitiert.

Unerledigt
Oder: Das Konzil ist lange nicht am Ende

1998 habe ich in meinem Buch „Im Sprung gehemmt" über manches geschrieben, was mir nach dem Konzil noch fehlt. Heute müsste ich fast alles wiederholen. Und besorgt füge ich noch hinzu, was allem Anschein nach sogar zurückgedreht wird.

Was blieb also von konziliaren Anregungen unerledigt, offiziell nicht weiter bearbeitet? Vor allem die Ekklesiologie, genauer noch die Communio-Ekklesiologie, die Lehre von der Kirche als Gemeinschaft. Das Konzil hat gleichsam eine Skizze geliefert. Die konkreten Ausformungen für das Zueinander von Weltkirche und Ortskirche, für die Kollegialität der Bischöfe mit dem Papst, für die Mitverantwortung aller Bischöfe für die Weltkirche wurden offiziell später nicht vertieft und haben auch nicht die notwendigen strukturellen Änderungen erfahren.

Die neue Darstellung von Ehe und Sexualität in „Gaudium et spes", vor allem der Aufruf zur verantworteten Elternschaft, hatte viele Erwartungen geweckt. Die weitere Debatte darüber wurde auf dem Konzil von Papst Paul VI. abgebrochen und einer Kommission von Bischöfen, Moraltheologen, Humanwissenschaftern und Eheleuten übergeben. Die Entscheidung in der Enzyklika „Humanae vitae", dass lediglich die sogenannte natürliche Methode der Empfängnisverhütung sittlich erlaubt sei, hat der Papst allein gefällt und damit die Debatte beendet. Heute wird diese Aussage gleichsam als Kriterium für Rechtgläubigkeit angesehen, nach dem Professoren (vielleicht sogar Bischofskandidaten) ausgewählt werden. Obwohl viele Bischofskonferenzen schon 1968, also noch unter dem Eindruck des Konzils und sicher nach Beratung mit ihren Theologen, nach weiterführenden Möglichkeiten Ausschau gehalten hatten, wurde die Lehre bedauerlicherweise nicht weiterentwickelt. 1981 wurde sie im postsynodalen Schreiben nach der Bischofssynode über Ehe und Familie sogar festgeschrieben. Damit bleibt man aber den Eheleuten eine Hilfe zu einer besseren Gewissensentscheidung schuldig und geht an den Lebenswirklichkeiten vieler Paare vorbei.

Die liturgische Erneuerung ist längst nicht am Ende. Da sie offiziell aber eher gebremst wird, kommt es tatsächlich da und dort zu beträchtlichem Wildwuchs. Aber statt der Liturgiewissenschaft noch mehr Kompetenz einzuräumen (ihre Vertreter waren es ja, die so gute Vorarbeit für das Konzil geleistet hatten), wurde etwa die „Internationale Arbeitsgemeinschaft der Liturgischen Kommissionen im deutschen Sprachgebiet" durch zwei neue Gremien ersetzt, nämlich die Kommission Ecclesia celebrans für die neuerliche Übersetzung des Messbuches und das Forum Liturgie für den regelmäßigen Informations- und Erfahrungsaustausch zwischen den Liturgischen Kommissionen. Beide neuen Gremien haben nur Bischöfe als Vollmitglieder, Experten können zur Beratung herangezogen werden. Das hat zur Verstimmung bei vielen

Liturgieexperten geführt und lässt eine so notwendige Weiterführung nicht erwarten. Stattdessen wird eine großzügigere Zulassung des außerordentlichen Messritus von 1962, also der vorkonziliaren lateinischen Messe, angemahnt.

Bis heute ist die Ökumene durch die Unterscheidung in Kirchen und kirchliche Gemeinschaften belastet. Diese Unterscheidung stammt aus den Debatten auf dem Konzil über die rechte Abgrenzung zu den orthodoxen Kirchen und jenen aus der Reformation. Kardinal Jäger sagte nach dem Konzil: „Die unter den Theologen disputierten Fragen über die Art der Anwendung der Bezeichnung ‚Kirche' auf die einzelnen christlichen Bekenntnisse bleibt der weiteren Forschung überlassen." In der Tat hat diese Weiterführung nie stattgefunden, vielmehr wurden die seinerzeitigen Unterscheidungen in allen offiziellen römischen Aussagen immer nur mit Berufung auf das Konzil weitergeschrieben – zuletzt ausdrücklich auch in dem Schreiben „Dominus Iesus", das die Glaubenskongregation am 6. August 2000 herausgegeben hat.

Der von so vielen ersehnten wechselseitigen eucharistischen „Gastfreundschaft" scheint man nicht näherzukommen. Offizielle Theologengespräche haben schon viel Annäherung konstatiert. Das wird aber von den Kirchenleitungen beider Seiten nicht rezipiert. 1995 hat Papst Johannes Paul II. zu einem geduldigen, brüderlichen Gespräch über das Papstamt eingeladen, weil die jetzige Form ein Hindernis in der Ökumene sei. Seither hat sich in dieser Frage aber gar nichts weiterbewegt.

Aber wo könnten die vielen noch offenen Fragen offiziell weiterbehandelt und einer Lösung zugeführt werden? In der Einrichtung der römischen Bischofssynoden gäbe es dafür ein taugliches Instrument für die Gesamtkirche. Wie die Erfahrung aber zeigt, werden dort zwar von den Bischöfen der ganzen Welt Desiderate zu notwendigen Erneuerungen eingebracht, aber in den jeweiligen Schlussdokumenten zeigt sich kaum ein Fortschritt. Wäre es nicht gut, gerade in diesem Gremium, das von Anfang an sozusagen als „permanentes kleines Konzil" gedacht war, auf eine Zusammenarbeit von Lehramt und Theologie hinzuarbeiten, wie sie damals am Konzil möglich war?

Otto Hermann Pesch hat einmal eine dramatische Vision geäußert. Er schrieb: „Das Konzil ist die Zukunft der Kirche im 21. Jahrhundert. Eine Alternative dazu gibt es nicht – es sei denn die Großsekte, der niemand mehr zuhört." Das klingt übertrieben und sehr pessimistisch. Aber sind nicht gewisse „Schrumpfungserscheinungen" der Kirche wie schwindender Einfluss, Verlust an Glaubwürdigkeit, Austrittswellen vor allem in Europa, bedrohlich wachsender Priestermangel auch in Übersee schrille Warnsignale? Pesch will nicht Angst machen. Aber er will herausfordern, doch endlich den Weg weiterzugehen, den wohl der Heilige Geist selbst der Kirche durch das Konzil gewiesen hat.

V. Meine Sorge um die Kirche, wie sie ist

Gemeinden ohne Priester, der Vertrauensverlust der Kirche, die Seelsorge für wiederverheiratete Geschiedene, die offengebliebenen Fragen seit dem Konzil – diese aktuell bedrängenden Fragen sind in den Gesprächen, die Josef Bruckmoser mit mir für dieses Buch geführt hat, immer wieder zur Sprache gekommen. Daher sind diese Themen hier in direkten Interviews noch einmal verdeutlicht.

Interview I
Gemeinden ohne Priester, Priester ohne Amt

Viele Seelsorger beklagen, dass es kein Bewusstsein von der Sonntagspflicht mehr gebe.

Krätzl: Zunächst rächt es sich, dass die römisch-katholische Kirche den Messbesuch unter schwerer Sünde „erzwungen" hat. Das hat meine Generation in der Kindheit belastend erlebt. Viel zu wenig wurde getan, um die Menschen zum Wesen der Messe hinzuführen. Sie erleben zu lassen, wie die Urkirche Eucharistie gefeiert hat, die sich am „ersten Wochentag" traf, um in großer Freude des Todes und der Auferstehung Jesu zu gedenken. Kaum wurde uns auch gezeigt, dass nicht die Kirche, sondern Jesus selbst uns einlädt. Dass er, wie er es vor dem letzten Abendmahl gesagt hat, „mit großer Sehnsucht" darauf gewartet hatte, mit den Seinen Mahl zu halten. Das gilt wohl auch heute!

Und dann sind die Menschen anspruchsvoller geworden. Messe soll ihnen etwas „geben". Man erwartet eine gut gestaltete Liturgie, eine „anhörbare" Predigt, eine erlebbare Gemeinschaft. Mehr noch: dass die Nähe Gottes beim Feiern irgendwie spürbar wird. Für verhängnisvoll halte ich auch das Signal an die Gläubigen, wenn wegen des Priestermangels in ihrer Pfarre nicht mehr jeden Sonntag Eucharistie gefeiert werden kann. Eine Kirche, die immer mehr Gemeinden keinen Vorsteher der Eucharistie mehr gibt, darf sich nicht wundern, wenn darunter die Wertschätzung der Sonntagsmesse selbst leidet.

Eines Ihrer seelsorglichen Zauberworte heißt „in Verbindung bleiben". Das wird für die Seelsorger umso schwieriger, je mehr Pfarrgemeinden einer übernehmen muss.

Krätzl: Die Kirche hat bisher einen großen Bonus, weil sie in vielen Gemeinden die letzte Institution ist, die Menschen im Feiern und im Trauern zusammenbringt. Ich bin überzeugt, dass diese Nähe zu den Menschen nicht aufgegeben werden darf. Der Blaulicht-Pfarrer, der nur zur Spendung der Sakramente kommt, ist sicher nicht die Lösung. Die Menschen suchen mehr denn je eine Behausung in einer erlebbaren, überschaubaren Gemeinschaft. Das ist die soziologische Seite. Die theologische ist, dass die Eucharistie Quelle und Höhepunkt des Lebens einer christlichen Gemeinde ist. Das Konzil hat betont, dass es dabei um eine „tätige Teilnahme" geht, nicht nur um ein passives „Beiwohnen" der Messe. Das ist aber nur in einer überschaubaren Gemeinde möglich, das verlangt „Kirche am Ort".

Schon Karl Rahner hat festgestellt: Wenn nicht mehr erfüllt werden kann, dass es diese Eucharistiegemeinde am Ort gibt, dann muss die Kirche über ihre Regelungen für den Zugang zum Priestertum neu nachdenken. Im Klartext: Wenn es so weit kommt, dass die Gemeinden über längere Zeit ihre sonntägliche Eucharistie nicht mehr feiern können, dann ist an der Struktur etwas zu ändern. Eucharistie ist für das volle Leben einer christlichen Gemeinde konstitutiv. Für die Ehelosigkeit des Priesters werden verschiedene gute Gründe angeführt, sie ist aber keine unabdingbare Voraussetzung für das Priestersein. Das zeigt die Praxis im orientalischen Zweig der katholischen Kirche.

Drei Mal erwähnt das Konzil die sonntägliche Eucharistie als Quelle und Höhepunkt des christlichen Lebens. Johannes Röser hat in der Zeitschrift „Christ in der Gegenwart" dazu festgestellt: „Ein Lehramt, das wider besseres Wissen mögliche Reformen blockiert, die der notwendigen sonntäglichen Eucharistiefeier helfen können, produziert selbst so etwas wie eine strukturelle Sünde."

Woher aber die notwendigen Priester nehmen?

Krätzl: Ein großes Potenzial sind jene verheirateten Männer in den Pfarrgemeinden, die sich schon jetzt in vielerlei kirchlichen Aufgaben engagieren. Das sind Pastoralassistenten, die über ein abgeschlossenes Theologiestudium verfügen. Das sind manche sehr bewährte ständige Diakone. Aber auch Männer in anderen Berufen, die gleichsam „nebenbei", wie die ehrenamtlichen Diakone, auch priesterlich wirken könnten, vor allem an den Sonntagen in kleinen Gemeinden auf dem Land und an großen Feiertagen.

Ein Beispiel: Im Krankenhaus der Barmherzigen Brüder in Wien gibt es einen Oberarzt, der zum Priester geweiht wurde. Er steht als Arzt mitten im Berufsleben und übt sein Priesteramt im Nebenberuf aus. Das war aber nur möglich, weil dieser Arzt alleinstehend ist und damit die Zölibatsbedingung erfüllt. Kandidaten für dieses nebenberufliche Priesteramt ließen sich in den Gemeinden und in Institutionen ausreichend finden. Aber müssen sie wirklich alle unverheiratet oder verwitwet sein?

Ein weiteres Potenzial sehe ich bei jenen Mitbrüdern, die geheiratet haben und deshalb ihr Amt nicht mehr ausüben dürfen. Ich gebe zu überlegen, ob man sie nicht nach einer Zeit der Erprobung, vor allem wenn sie sich in der Pfarre, in der sie nun wohnen, beispielhaft einsetzen, wieder in den Dienst aufnehmen könnte. Ist das wirklich erst möglich, wenn die Gattin stirbt? Für eine Vollmacht, dies in der eigenen Diözese in bestimmten Einzelfällen gestatten zu können, sollten sich die Bischöfe in Rom starkmachen.

Hinsichtlich der Ehelosigkeit der Priester ist bei den Laien in den letzten Jahren ein Meinungsumschwung eingetreten. Vor 20 Jahren wäre ein verheirateter Priester, der die Eucharistie feiert, noch ein Ärgernis gewesen. Heute wissen wir aus vielfach bestätigten Umfragen, dass mehr als 80 Prozent der Kirchenmitglieder an verheirateten Priestern nicht nur keinen Anstoß nehmen würden, sondern ihre Zulassung befürworten. Auch bei den Priestern selbst hat sich das Meinungsbild seit Ende der 1990er-Jahre verändert. Eine Studie des Pastoralsoziologen Paul M. Zulehner zeigt, dass eine Mehrheit der zölibatären Priester eine Öffnung auch für verheiratete Männer befürwortet. Dahinter steckt die praktische Erfahrung der Überforderung. Viele, vor allem ältere Priester, die noch aktiv in der Seelsorge stehen, sehen ganz genau, dass es so nicht weitergehen kann. Viel tiefer aber geht das Argument, dass durch den Priestermangel die umfassende Feier der Sakramente, wie Eucharistie, Krankensalbung, Buße, nicht mehr gewährleistet werden kann.

Ein häufiges Gegenargument ist, dass die evangelische Kirche verheiratete Pfarrer und ordinierte Frauen hat und trotzdem nicht besser dastehe.

Krätzl: Dagegen ist zu sagen, dass es in den evangelischen Kirchen jedenfalls keinen Mangel an Pfarrerinnen und Pfarrern gibt. Dieses Ausdünnen der pfarrlichen Strukturen und des Amtes findet dort nicht statt. Auf der anderen Seite wird niemand behaupten, dass die Abschaffung des Zölibats alle Probleme in der katholischen Kirche lösen würde. Das ist nicht der Punkt. Es geht vielmehr darum, dass wir einen schwerwiegenden Priestermangel haben, obwohl es gleichzeitig genügend theologisch ausgebildete Männer gibt, die willens und geeignet wären, diesen seelsorglichen Dienst in einer Pfarrgemeinde zu übernehmen – mit Ausnahme der Zölibatsverpflichtung.

In einer sehr schwierig gewordenen seelsorglichen Situation vergeudet die Kirche damit zu allem Überfluss auch noch seelsorgliche Talente. An der Katholisch-Theologischen Fakultät der Universität Wien sind fast 1000 Theologinnen und Theologen inskribiert. Mehr als die Hälfte sind Frauen. Bei den männlichen Studierenden hat eine Umfrage ergeben, dass sie sich neben anderen Gründen auch deshalb nicht wollen weihen lassen, weil sie sich wohl zum Priesteramt, nicht aber zur Ehelosigkeit berufen fühlen.

Die Weihe von Frauen halten Sie in der katholischen Kirche für undenkbar?

Krätzl: Johannes Paul II. hat entschieden erklärt, dass die Kirche keine Vollmacht habe, Frauen zu Priesterinnen zu weihen. Namhafte Theologen haben diese Entscheidung in Frage gestellt. Aus der Schrift, so meinen sie, sei dies nicht ableitbar. Das Hauptargument gegen die Frauenweihe ist wohl die Tradition. Bis vor 50 Jahren hat keine christliche Kirche an das Amt für Frauen gedacht, auch nicht die Kirchen aus der Reformation. In der aktuellen kirchenpolitischen Situation hat es wenig Sinn, dieses Thema immer wieder aufs Tapet zu bringen. Es würde zurzeit zu einer Zerreißprobe führen ähnlich wie bei den Anglikanern. Außerdem würde das ökumenische Verhältnis zu den orthodoxen Kirchen durch die Weihe von Priesterinnen sehr belastet werden. Ich spreche dieses

Thema daher in meinen Vorträgen nie aktiv an, weil dann nur eine heftige Kontroverse entsteht, die zu keinem Ergebnis führt.

Die Weihe von Diakoninnen dagegen bietet theologisch keine Schwierigkeiten, weil es sie in der Geschichte schon gegeben hat. Übrigens gibt es sogar in den orthodoxen Kirchen Kreise, die für die Diakonenweihe der Frau eintreten. Die Frage muss auf der Tagesordnung bleiben, so haben sich schon viele Bischöfe geäußert.

Ein Bischof könnte zivilen Ungehorsam leisten und Frauen weihen.

Krätzl: Nein. Ich bin sehr für ein couragiertes Auftreten der Bischöfe, aber nicht für einen Alleingang in einer Frage, in der es so zentral um die Einheit der Kirche geht.

Interview II
Religionsunterricht, Firmung, Wallfahrt – und dann Kirchenaustritt?

Sie sind als Firmspender bekannt und beliebt. Was bleibt nach einem Jahr Firmunterricht und dem großen Festtag?

Krätzl: Die Vorbereitung durch die Firmhelferinnen und Firmhelfer ist heute sehr anspruchsvoll. Ich lade die Firmlinge immer ein, mir vorher einen Brief zu schreiben. Da ist viel von den gemeinsamen Aktionen im Jahr der Firmvorbereitung die Rede: dass das gemeinsame Wochenende toll war, „dass ich neue Freunde in der Pfarre gefunden habe", dass die älteren Menschen im Seniorenheim sie bei ihrem Besuch so erfreut aufgenommen hätten. Andere schreiben aber auch, dass sie in der Firmvorbereitung sich selbst besser kennenlernten, mehr über Gott erfahren haben, nun sogar vieles in der Kirche anders sehen. Dass sie sich überhaupt firmen lassen wollen, um ihre Beziehung zu Gott zu stärken, neu aufzubauen. Sie freuen sich auf den Tag der Firmung, weil da endlich wieder die ganze Familie beisammen ist.

Auch das Danach sprechen sie an, sehr unterschiedlich. Die einen sagen offen, es werde sich nichts ändern, und „Sie brauchen nicht glauben, dass ich jetzt öfter in die Kirche gehe". Andere aber schreiben ganz konkret, was sie künftig in der Pfarre tun werden. Jedenfalls ist Firmung bei der so intensiven Vorbereitung eine ganz große pastorale Chance. Anlässe wie die Firmung sind Reste der Volkskirche, die aber von den Beteiligten sehr positiv erlebt werden. Eine Kirche, die freundlich ist zu ihren Kindern oder Enkelkindern, die den Kindern und Jugendlichen ein Fest bereitet, und ein schön gestalteter Firmgottesdienst „versöhnen" auch Fernstehende wieder mit einer Institution, die man schon abgeschrieben hat.

Es gibt von konservativer Seite häufig Kritik, dass die Religionslehrerinnen und Religionslehrer zu wenig für die Glaubensvermittlung leisten würden. Was vermag der Religionsunterricht?

Krätzl: Der Religionsunterricht ist keine Gemeindekatechese. Wer das erwartet, geht an der realen Situation eines Schulfaches im öffentlichen Bildungswesen vorbei. Da ist die Zielsetzung eine andere. Der Religionsunterricht soll hier Lebensfragen aufgreifen und versuchen, darauf aus der Bibel, der Tradition und der Erfahrung vieler gläubiger Menschen (der Kirche) eine Antwort für heute zu geben. Viele Religionslehrerinnen und Religionslehrer schaffen es ganz vorbildlich, die jungen Menschen zum Nachdenken zu bringen und sie zur Kritikfähigkeit und zu selbständigen Persönlichkeiten zu erziehen. Sie wollen die Schüler motivieren, sich gerade mit ihren jeweiligen Begabungen für die Gesellschaft einzusetzen. Warum nicht auch für die Kirche? Man darf aber Religionslehrer nicht überfordern. Sie können nicht wettmachen, was von außen oft massiv gegen die Kirche polemisiert wird, oder was leider auch innerhalb der Kirche zum Ärger vieler, besonders der Jugend geschieht.

Den Ethikunterricht hat die katholische Kirche lange Zeit als Konkurrenz gesehen, anstatt ihn als notwendige Alternative massiv einzufordern.

Krätzl: Dieser Eindruck wäre jedenfalls für das vergangene Jahrzehnt falsch. Wir wollten schon lange einen Ethikunterricht, der verpflichtend ist für Schülerinnen und Schüler, die keinen Religionsunterricht besuchen, weil sie sich abgemeldet haben, ohne religiöses Bekenntnis sind oder einer Religion angehören, die keinen Religionsunterricht in der Schule hat. In Deutschland wird dies übrigens schon seit Jahrzehnten mit Erfolg praktiziert.

Bei uns gibt es einstweilen nur Schulversuche. Eine wissenschaftliche Evaluierung dieser Schulversuche hat ergeben, dass dieser vom Großteil der Schülerinnen und Schüler gut angenommen wird. Ich habe als Schulbischof im Bildungsministerium wiederholt auf eine Ausweitung dieses sehr erfolgreichen Schulversuches gedrängt. Aber es ist letztlich immer am Geld gescheitert und daran, dass es in Österreich bis heute keine direkte Ausbildung für Ethiklehrer gibt.

Es ist ganz und gar unverständlich, dass sich die österreichische Bundesregierung unter dem Eindruck budgetärer Engpässe vor dieser verpflichtenden Aufgabe des Staates für die jungen Leute drückt. Wir können doch nicht auf der einen Seite über eine ethische Verwahrlosung bei Jugendlichen klagen und ihnen auf der anderen Seite eine gezielte Auseinandersetzung mit humaner Einstellung und ihrer persönlichen Verantwortung vorenthalten.

Es gibt einen Boom bei Pilgerwegen, zum Beispiel auf dem internationalen Jakobsweg. Worauf führen Sie den zurück?

Krätzl: Hier kommt vieles zusammen, was auch früher mit Wallfahrten verbunden war: die Gemeinschaft, das Erlebnis der Natur, die körperliche Herausforderung, das Fernweh. Pilgern ist daher nicht pure Frömmigkeit, aber das war es früher auch nicht. Wallfahrten waren für viele die einzige Gelegenheit im Leben, einmal wegzukommen. Da hat sich das religiöse Element auch mit vielen anderen Motiven vermischt. Daher sollten wir als Kirche in der Beurteilung des aktuellen Pilgerwege-Booms eher vorsichtig sein. Es ist kein Beweis für das Wiedererwachen des Religiösen. Ich möchte dieses Phänomen umgekehrt aber auch nicht abwerten. Allemal gibt es bei gut gestalteten Wallfahrten Gelegenheit zum persönlichen Stillwerden, aber auch zu Glaubensgesprächen untereinander.

Interessant ist, dass gerade die Jugendlichen für Wallfahrten leicht zu gewinnen sind. Schon vor vielen Jahren haben uns das die Studentenwallfahrten in Frankreich gezeigt. Wie groß der Anteil der religiösen Motive ist, kann nur der Einzelne für sich selbst klären. Faktum ist: Die Menschen müssten nicht den Jakobsweg wählen, sie könnten auch sonst irgendwohin in Europa „wandern" und sie tun es auch. Oft ist es nur eine Pfarrwallfahrt zu einem nahe gelegenen Heiligtum oder gar nur zu einer beliebten Andachtsstätte mitten im Wald, wo Maiandacht gefeiert wird.

Die Kirchenaustritte haben in den vergangenen Jahren Rekordhöhen erreicht. Ist dieser Trend unaufhaltsam?

Krätzl: Kirchenaustritte, die mit dem Kirchenbeitrag begründet wurden, nehmen im Wesentlichen eher ab. Es ist übrigens erstaunlich, dass sehr viele treu ihren Kirchenbeitrag zahlen, obwohl sie keineswegs „praktizierende" Katholiken sind. Das ist für uns ein Indikator, dass auch solche Kreise die Kirche noch schätzen. Vielleicht als beachtliche sinnstiftende Institution inmitten großer Orientierungslosigkeit, wegen des kulturellen und künstlerischen Erbes oder wegen ihres sozialen Engagements. Letztlich nehmen diese aber gelegentlich auch direkt die Kirche in Anspruch: bei der Taufe ihrer Kinder, bei Erstkommunion und Firmung, bei der Hochzeit oder bei einem nach wie vor von vielen gewünschten kirchlichen Begräbnis.

Aber mich bedrückt eine neue Welle von Austritten, die bis hinein in die innersten Kreise der Kirche geht. Das sind manchmal Leute, die sehr engagiert in ihrer Pfarre oder sonst in der Kirche tätig waren, die aber dann auf Grund dieses oder jenes Erlebnisses am Ort oder in der Gesamtkirche sagen: „Mir reicht's". Dazu kommen heute erwachsene Kinder von engagierten Kirchenmitgliedern, etwa von Pfarrgemeinderäten, die katholisch aufgewachsen sind und dann nichts mehr mit dieser Kirche zu tun haben wollen. Ich staune, dass wir Hauptverantwortlichen in der Kirche diesen Motiven nicht viel sorgenvoller nachgehen. Wir würden erkennen, dass wir an so manchem Austritt durchaus selbst schuld sind.

Wie treten Sie Eltern entgegen, die beide aus der Kirche ausgetreten sind, aber ihr Kind taufen lassen wollen?

Krätzl: Vor allem und als Erstes würde ich ihnen zeigen, dass ich mich mit ihnen über ihr Kind freue. Ich sage dann: „Wenn Sie Ihr Kind zur Taufe bringen wollen, heißt das, dass Sie für Ihr Kind alles Gute wollen, doch zumindest auch den Segen Gottes." Ich bitte sie dann, auch persönlich zu überlegen, wie es für sie selbst weitergehen kann mit ihrer Beziehung zu Gott. „In der Taufe haben Sie sich ja dafür entschieden, dass Ihr Kind im Leben einmal den Weg mit Gott gehen soll. Wollen Sie es dabei nicht begleiten, ja ihm, wie auch sonst in vielen Belangen des Lebens, vorausgehen?"

Einige Diözesen verlangen, dass wenigstens ein Elternteil wieder in die Kirche eintritt, wenn sie ihr Kind taufen lassen wollen.

Krätzl: Das lehne ich ab. Wie die Erfahrung zeigt, käme es dann in manchen Fällen nur zu einem formalen Wiedereintritt, der dann bald widerrufen wird. Man soll Eltern nicht unter Zwang stellen. Viel wichtiger ist mir, wie ich es gerade vorher gesagt habe, mit ihnen ihren künftigen Glaubensweg anzusprechen und sie dabei nach Möglichkeit zu begleiten. Das wäre übrigens eine wichtige Aufgabe in der Pfarre, wenn man heute so gerne von „Mission" spricht. Allerdings würde ich nicht den Begriff „Mission" verwenden. Er ist aus der Geschichte belastet und würde manche befürchten lassen, sie werden jetzt zu etwas überredet.

Priesterräte, Diözesanräte, Pastoralräte in den Diözesen haben diese Themen lange auf der Tagesordnung gehabt. Kann von dort noch Erneuerung ausgehen?

Krätzl: Mein Eindruck ist, dass in diesen Gremien, in denen es um Mitverantwortung und Mitentscheidung gehen soll, heute kontroversielle Themen von vornherein nicht mehr auf die Tagesordnung gesetzt werden. Die Mitverantwortung wurde dadurch sehr eingeschränkt. Ich sehe seit dem Dialog für Österreich im Jahr 1998 in der katholischen Kirche in Österreich keinen Vorgang, der auch nur annähernd diese Dialogkultur weitergeführt hätte. Die jüngsten Wiener Diözesanversammlungen haben einen ganz anderen Stil. Es gibt Referate, persönliche Glaubenszeugnisse, Arbeitskreise, ein „offenes Mikrophon", aber vieles bleibt unverbindlich. Es herrscht dort eine sehr gute Stimmung, Gemeinschaft wird erlebbar, aber es gibt keine Beschlüsse. Als Begründung für diese Form hört man dann: Es geht um Glaube und Verkündigung und um Begegnung, dazu brauchen wir keine Papiere.

Es gibt heute Kreise, auch in der österreichischen Kirche, die darauf warten, dass jene, die immer vom Konzil reden, ohnehin aussterben. Das geht so weit, dass kritische Fragen und Reformanliegen bewusst totgeschwiegen werden, in der Hoffnung, dass sie irgendwann niemand mehr vertreten wird. Die heißen Eisen und Strukturfragen würden ohnehin niemand mehr interessieren. Den

Menschen gehe es um viel mehr, sagt man: um die Gottesfrage. Aber ich wende ein: Ist die Gottesfrage ganz von den Strukturen der Kirche zu trennen? Diese defensive, aufschiebende Strategie ist insofern erfolgreich – aus meiner Sicht würde ich eher sagen verheerend –, als viele Reformgeister resigniert haben. Ihre Hoffnung, dass sich etwas ändern könnte, wurde in letzter Zeit gezielt und nachhaltig enttäuscht.

Interview III:
Der dreifache Vertrauensverlust der Kirche

Die katholische Kirche hat im Jahr 2010 durch den Missbrauchsskandal einen schweren Vertrauensverlust erlitten. Wie nachhaltig ist der Schaden?

Krätzl: Es ist durch die Aufdeckung der Missbrauchsfälle zu einem schweren Vertrauensverlust bis in die innersten Kreise der Kirche hinein gekommen. Die Kirchenaustritte haben erstmals das innerste Segment der Pfarrgemeinden erreicht. Besonders tiefgreifend war dieser Vertrauensverlust, weil erneut die Sexualmoral der Kirche am Pranger gestanden ist. Viele Gläubige haben sich daran gestoßen, dass ihnen die Kirche in Bezug auf die Ehe sehr rigide Vorschriften mache, aber von Verfehlungen im Klerus weggeschaut habe. Da hilft auch das sachlich richtige Argument wenig, dass die Missbrauchsfälle in der katholischen Kirche weniger als zwei Prozent aller Fälle ausmachen. Die Kirche wird in der Sexualmoral als streng erlebt und daher wird in dieser Frage auch ein besonders strenger Maßstab an ihre Amtsträger angelegt.

Die Reaktion der katholischen Bischöfe in Österreich, allen voran von Kardinal Christoph Schönborn, hat gezeigt, dass die Kirche gelernt hat, denn sie hat das Problem entschieden und offen aufgegriffen. Vor allem war wichtig, dass nicht so sehr vom Schaden der Kirche gesprochen wurde, sondern vom furchtbaren Schaden, der die Opfer getroffen hat und ihre Angehörigen. Dazu hat die vom Kardinal eingesetzte Kommission unter Waltraud Klasnic eine sehr gute Arbeit geleistet. Da sind andere Institutionen, private und staatliche, die auch von dem Thema betroffen sind, noch nicht so weit.

In der Sexualmoral gab es seit dem Zweiten Vatikanischen Konzil mehrere Brüche, wodurch die Kirche Vertrauen verloren hat.

Krätzl: Die Missbrauchsaffäre hat wohl den stärksten Vertrauensverlust gebracht. Aber leider gab es schon früher andere Vorgänge in der Kirche, die das Vertrauen in die kirchliche Lehre erschüttert haben. Vor allem zwei lehramtliche Aussagen: jene über die Empfängnisregelung und jene über die Zulassung von wiederverheirateten Geschiedenen zu den Sakramenten.

Der erste große Vertrauensverlust geht auf die Enzyklika „Humanae vitae" aus dem Jahre 1968 zurück. Neben vielen sehr guten und tragenden Aussagen in diesem Schreiben von Papst Paul VI. über Liebe und Ehe blieb fast nur im Gedächtnis, dass alle direkt empfängnisverhütenden Mittel wie die Pille in sich schlecht seien und ihre Verwendung in jedem Fall eine Sünde. Damit begann zum ersten Mal das Vertrauen in eine päpstliche Lehre zu schwinden, die noch dazu das Leben so direkt berührte. Weltweit haben 30 Bischofskonferenzen, darunter die deutsche in ihrer „Königsteiner Erklärung" und die österreichische in ihrer „Mariatroster Erklärung", in ergänzenden Stellungnahmen der persönlichen Gewissensentscheidung Raum gelassen. Sie taten das in Verantwortung für die betroffenen Paare, aber auch, um den so entstandenen Vertrauensverlust in die Kirche zu mindern.

Rückblickend sieht man, dass die Bischofskonferenzen 1968 nicht nur den Ausweg über das Gewissen für den Einzelfall hätten öffnen sollen, sondern dass sie ein grundsätzliches Weiterdenken in dieser Frage hätten verlangen müssen, vor allem was den Naturbegriff anbelangt. Das Prinzip der verantworteten Elternschaft, wie es das Konzil in „Gaudium et spes" aufgezeigt hatte, ist nach „Humanae vitae" für viele fast unlebbar eingeengt worden. Das hat die Kirche auch in zusätzliche Schwierigkeiten im Kampf gegen die Abtreibung gebracht. „Besser verhüten als abtreiben" wäre ein vertretbarer Grundsatz, er würde aber der Lehre der Kirche widersprechen, sagten sogar Bischöfe. In Österreich hat das auch die so verdienstvolle Arbeit der „Aktion Leben" behindert. Dramatisch ist aber vor allem die sehr irreführende Gleichsetzung von Verhütung und Abtreibung, wie man sie manchmal auch von höchsten Kirchenkreisen gehört hat. Denn selbst wenn Verhütung ein Übel wäre – für das Urteil müssten alle Umstände berücksichtigt werden –, ist es das wesentlich kleinere als die Abtreibung. Denn diese ist allemal Tötung eines Menschen.

Welche unmittelbaren Folgen sehen Sie?

Krätzl: Bei der Empfängnisregelung haben katholische Ehepaare längst ihre eigene Entscheidung für eine verantwortete Elternschaft getroffen. In dieser Frage hat sich die Verantwortung von der Ebene der Norm auf die Ebene des Gewissens verlagert. Die Kirche sollte sich massiv um die Gewissensbildung kümmern – und dann den Betroffenen zutrauen, dass sie aus ihrem gebildeten Gewissen heraus selbst eine verantwortete Entscheidung treffen.

Was kann diesem Vertrauensverlust und diesem Schisma zwischen oben und unten entgegengehalten werden?

Krätzl: Die katholische Kirche muss dringend die Entwicklung in der Moraltheologie und der teils bereits geübten Praxis aufgreifen. Es ist auf Dauer unerträglich, wie Lehre und Praxis auseinanderklaffen. Wir Bischöfe hätten nicht so sehr die Aufgabe, die Basis zu korrigieren. Vielmehr wäre es unsere Aufgabe, mit Rom verantwortungsvoll weiterzudenken und diese Kluft möglichst zu schließen. Sonst besteht die Gefahr, dass die obersten Verantwortlichen eine Kirche regieren, die unten ihre ganz eigenen Wege geht.

In den innerkirchlichen Fragen der Disziplin und der Moral wird aus Rom in naher Zukunft nichts Neues kommen. Wo sehen Sie dennoch Hoffnungszeichen?

Krätzl: Die Kirche muss nicht zuletzt in Fragen der Sexualität das Vertrauen der Menschen wiedergewinnen. Das darf nicht als Versuch gewertet werden, neuerdings den Intimbereich zu reglementieren, sondern es geht darum, dass die Kirche als Gesprächspartner in diesen Fragen wieder ernst genommen wird. Das ist die Kirche auch der Gesellschaft in einer sexuell überreizten, orientierungslosen Situation schuldig.

In der Reaktion auf die Missbrauchsfälle wurde immer schon verlangt, dass Kirche ihre Sexualmoral neu überdenkt. Man hat dem zugestimmt, leider aber gibt es vorerst nur Maßnahmen gegen die Täter, Versöhnung mit den Opfern und Prävention. Die alte Bringschuld der Kirche, sich von der Hypothek der Leibfeindlichkeit zu lösen, ist offen. Wir haben es heute mit einer Jugend zu tun, die über Sexualität ganz anders denkt, sie vor allem kaum mehr mit Sünde assoziiert. Die Kirche muss das Gespräch mit der Jugend aufgreifen und Sexualität endlich als ein von Gott gegebenes Geschenk an den Menschen deutlicher verkündigen. Selbstverständlich heißt das nicht, zu allen Verhaltensweisen oder Praktiken Ja und Amen zu sagen. Sondern es geht darum, Sexualität in dankbarer Verantwortung vor Gott zu leben.

Die Vertrauenskrise kann überwunden werden, wenn die Menschen wieder erleben, dass die Kirche für sie da ist und nicht umgekehrt. Dass es ihr mehr um das Leben und nicht vor allem um Moral geht. Dass sie Gott verkünden will, und nicht vor allem traditionsgebundene Glaubenssätze. Wenn sie in dieser säkularen, kalten Welt tatsächlich wärmendes Licht spendet. Wenn sie Trost spendet und Hoffnung macht.

Interview IV:
Wiederverheiratete Geschiedene – ein unlösbares Pastoralproblem?

Eine andere Pastoral für wiederverheiratete Geschiedene ist zu einem Ihrer großen Lebensthemen geworden. Warum?

Krätzl: Aus zwei Gründen. Einmal, weil die Zahl der Geschiedenen, die wieder geheiratet haben, enorm zunimmt und somit zu einem immer größeren Problem in der Seelsorge wird. Zum anderen, weil wir zu Beginn der 1970er-Jahre einer „barmherzigen" Lösung schon viel näher waren, als es die rechtliche Lage heute zulässt. Das möchte ich unermüdlich aufzeigen und für eine Änderung des derzeit geltenden Rechtes kämpfen.

Wo liegen die Gründe, dass die Zahl der Geschiedenen so steigt?

Krätzl: Die Gründe sind vielfach. Da spielt sicher der Zeitgeist eine Rolle. Ehe wird heute überhaupt vielfach in Frage gestellt. Ehescheidung, die früher in der Gesellschaft geächtet war, wird heute kritiklos toleriert. Ja es scheint sogar „mutig" zu sein, bei Schwierigkeiten in einer Partnerschaft bald aufzugeben und neu anzufangen. Es gibt aber auch objektive Gründe, die es heute schwieriger machen, eine Ehe auf Dauer zu leben. Die Arbeitswelt erzwingt eine große Mobilität, die Konsumgesellschaft ist ein derart bestimmender Faktor, dass Grundhaltungen davon auch in die privaten Verhältnisse hineinspielen. Die berufliche und finanzielle Selbstständigkeit der Partner, die im Sinne der Gleichberechtigung sehr zu begrüßen ist, macht heute eine Ehescheidung viel leichter als früher. Nicht zuletzt ist die Dauer einer Ehe durch die hohe Lebenserwartung um Jahrzehnte länger geworden, vor allem die zweite Lebensphase, nachdem die Kinder „außer Haus" sind. Wenn sich Ehepartner bis dahin „auseinandergelebt" haben, entwerfen sie ein neues Lebenskonzept und suchen dafür häufig auch einen neuen Partner.

Sie sprechen von einer „Rückwärtsentwicklung" in der kirchlichen Haltung seit 1970. Was meinen Sie konkret?

Krätzl: 1971 hat der damals junge Dogmatiker Joseph Ratzinger auf einer Tagung der Katholischen Akademie in Bayern einen erstaunlich fortschrittlichen Vorschlag gemacht. Er sagte ganz deutlich, dass die Ehe von Getauften unauflöslich sei. Er sprach aber davon, dass es in der Geschichte „unterhalb der Schwelle der klassischen Lehre, offensichtlich immer wieder in der konkreten Pastoral eine geschmeidigere Praxis" gegeben habe. Dann hat er „mit aller gebotenen Vorsicht", wie er betonte, folgenden Vorschlag gemacht: „Wo eine erste Ehe seit langem und in einer für *beide* Seiten irreparablen Weise zerbrochen ist; wo umgekehrt eine hernach eingegangene zweite Ehe sich über einen längeren Zeitraum hin als eine sittliche Realität bewährt hat und mit dem Geist des Glaubens, besonders auch in der Erziehung der Kinder, erfüllt worden ist (so dass die Zerstörung dieser zweiten Ehe eine sittliche Größe zerstören und moralisch Schaden anrichten würde), da sollte auf einem außergerichtlichen Weg auf das Zeugnis des Pfarrers und von Gemeindegliedern hin die Zulassung der in einer solchen zweiten Ehe Lebenden zur Kommunion gewährt werden."

1980 tagte in Rom eine Bischofssynode zum Thema Ehe und Familie. Joseph Ratzinger war damals schon Erzbischof in München. Am 8. Dezember 1980 schrieb er an die Seelsorger seiner Diözese: „Von pastoraler Sorge um diese Gläubigen getrieben wünscht die

Synode, dass eine neue und noch gründlichere Untersuchung – unter Berücksichtigung auch der Praxis der Ostkirchen – angestellt werde mit dem Ziel, dass die pastorale Barmherzigkeit noch umfassender werde." Papst Johannes Paul II. hat aber dann 1981 in seinem Postsynodalen Schreiben „Familiaris consortio" wohl eingeräumt, dass es wegen gemeinsamer Kinder Fälle geben könne, in denen wiederverheiratete Geschiedene sich nicht mehr trennen könnten. Zu den Sakramenten könnten sie aber nur gehen, wenn sie sich verpflichten, völlig enthaltsam zu leben, das heißt „sich der Akte enthalten, welche Eheleuten vorbehalten sind".

Diese Entscheidung haben auch tiefgläubige katholische Ehepaare als unverständlich angesehen. Das kirchliche Lehramt hat sich damit von der Lebenswirklichkeit entfernt. So müssten also Partner wegen der Kinder, die sie gemeinsam aus Liebe gezeugt haben, beisammenbleiben, dürfen sich aber die Liebe gegenseitig nicht mehr zeigen.

Viele Gläubige und sogar Seelsorger tragen aber diesen Ausschluss wiederverheirateter Geschiedener von der Kommunion nicht mit.

Krätzl: Einige Pfarrer und Pfarrgemeinden folgen diesem rigorosen Verbot schon nicht mehr und gehen eigene Wege. Ich habe davor Respekt, wenn es in großem Verantwortungsbewusstsein geschieht. Damit entsteht allerdings eine Spaltung zwischen der Kirchenleitung und dem Kirchenvolk.

Ist dieses horizontale Schisma, das Auseinanderklaffen von Lehre und Kirchenleitung oben und Praxis und Kirchenvolk unten, nicht unvermeidlich? Woher soll das Neue kommen, wenn nicht daher, dass immer mehr es schlichtweg tun?

Krätzl: Dieses horizontale Schisma, das Sie ansprechen, ist offensichtlich da, es ist aber theologisch und kirchenpolitisch unerträglich. Ich sehe weder in der Frage der Empfängnisregelung noch bei den wiederverheirateten Geschiedenen eine Möglichkeit, dass sich die Praxis wieder den derzeit geltenden kirchlichen Bestimmungen anpassen könnte. Wenn aber die Hierarchie seit Jahrzehnten dieselbe Ordnung einfordert und die Kirchenbasis seit Jahrzehnten dem nicht folgt, dann muss über kurz oder lang die Rechtslage weitergedacht werden.

Gegen die Pillenenzyklika „Humanae vitae" hatten mehr als 30 Bischofskonferenzen öffentlich ihre Einwände erhoben. Dass die Bischofssynode 1980 in Rom und das päpstliche Schreiben „Familiaris consortio" ein Jahr danach keine lebbare Praxis für wiederverheiratete Geschiedene brachte, hat nicht zu einem solchen Aufschrei geführt.

Krätzl: Ja, dieser Unterschied ist auffallend. Allerdings hat sich die Österreichische Bischofskonferenz im Frühjahr 1982 ausführlich mit der Thematik der wiederverheirateten Geschiedenen befasst. Wir haben die vielen positiven Anregungen, die der Papst 1981 in „Familiaris consortio" gegeben hat, an die Seelsorger und die Familieninstitutionen weitergegeben. Im Hinblick auf die Zulassung von wiederverheirateten Geschiedenen zu den Sakramenten haben wir gehofft, dass noch weitere Überlegungen folgen würden, so wie es auch die Bischofssynode ausdrücklich gewünscht hatte. Kardinal König hat im April 1982 als Vorsitzender der Bischofskonferenz an die Glaubenskongregation in Rom geschrieben: „Die österreichischen Bischöfe erwarten sich – wohl mit vielen anderen Bischofskonferenzen – von den angekündigten Untersuchungen wertvolle Hilfe für die Lösung eines in der Seelsorge immer schwieriger werdenden Problems."

Von einer solchen Untersuchung hat man aber in den folgenden Jahren offiziell nichts mehr gehört, obwohl die Frage selbst immer wieder in Synoden, Diözesanforen, Bischofskonferenzen, Pastoral- und Priesterräten mit Nachdruck aufgeworfen wurde. Es ist untragbar, dass Theologen seit langem neue, verantwortete Wege aufzeigen, dass die Kirchenbasis teilweise bereits ganz anders handelt und die Bischöfe das tolerieren, ohne gleichzeitig vehement auf eine kirchenrechtliche Änderung zu drängen.

Offiziell leben alle wiederverheirateten Geschiedenen in ständiger schwerer Sünde?

Krätzl: Das ist eine Vorstellung, die so nicht nachvollziehbar ist. Sogar Kardinal Ratzinger hat anlässlich einer Vorsprache österreichischer Bischöfe in der Glaubenskongregation auf die Frage, ob alle wiederverheirateten Geschiedenen in schwerer Sünde lebten, ausweichend geantwortet: „Da muss man über die schwere Sünde neu nachdenken."

Was schlagen Sie jenen vor, die meinen, ein kirchlicher Segen für wiederverheiratete Geschiedene würde das Ideal der unauflöslichen Ehe untergraben?

Krätzl: Die unauflösliche Ehe steht außer Frage, aber es gibt sehr gute Vorschläge, wie die Kirche trotzdem konkreten Lebenssituationen gerecht werden kann. Für nach wie vor wegweisend halte ich eine seelsorgliche Handreichung der Diözese Bozen-Brixen aus dem Jahr 1998. Dort heißt es unter dem Titel „Gemeinsame Suche nach neuen pastoralen Wegen" zusammenfassend: „Es soll behutsam überlegt werden, wie sich die Situation im konkreten Fall darstellt und welche Schritte möglich und notwendig erscheinen. Auf alle Fälle ist es wichtig zu vermitteln, (a) dass Nicht-Kommunion-gehen-Können keinesfalls einen Ausschluss aus der Kirche bedeutet, (b) dass auch für jene, die nicht die Kommunion empfangen können, die Mitfeier der Eucharistie wichtig und segensreich ist; zudem sind sie als Christen aufgerufen, die Möglichkeiten der Teilnahme am Leben der Kirche bzw. der Pfarrgemeinde wahrzunehmen; (c) dass es im Gespräch nicht darum geht, ein ‚Kommunion-Verbot' oder eine offizielle ‚Zulassung' auszusprechen; (d) dass die letzte Entscheidung über die eigene Disposition zum Kommunionempfang immer im persönlichen Gewissen gefällt wird, das allerdings um den Gesamtzusammenhang des Problems weiß und entsprechend informiert und geformt ist."

Dieser Gewissensentscheid soll also die letzte Instanz sein. Es wird in der Handreichung von Bozen-Brixen auch ein deutlicher Hinweis für jene gegeben, die Kommunion austeilen: Sie dürften niemandem, der darum bittet, die Kommunion verweigern. Denn die Kommunionspender seien nicht in der Lage, bis ins Letzte das Gewissen derer zu kennen, die die Kommunion empfangen möchten. Über solche diözesanen Handreichungen hinaus sollte der nächste Schritt sein, dass in der römisch-katholischen Kirche ganz offiziell eine Praxis eingeführt wird, die sich am Vorbild der orthodoxen Kirchen orientiert. Auch dort ist die unauflösliche Ehe das geltende Gesetz. Aber aus Barmherzigkeit wird wiederverheirateten Geschiedenen ein kirchlicher Segen erteilt, der sich von der feierlichen Eheschließung jedoch sichtbar unterscheidet.

Bekommen Sie auch Widerspruch in den Pfarren, wenn Sie zu mehr „Barmherzigkeit" mahnen?

Krätzl: Vereinzelt ja. Das habe ich zum Beispiel bei einer offiziellen Visitation in einer Pfarre im 11. Wiener Gemeindebezirk im Jahr 2009 leidvoll erfahren. In dieser Pfarre kommen etwa 2/3 der Erstkommunionkinder aus Ehen Geschiedener, die wieder geheiratet haben. Gar nicht so viele dieser Eltern, aber gerade die auch sonst in der Pfarre Engagierten, wollten nun, oft auf Drängen ihrer Kinder, auch zur Kommunion gehen. Dieses Thema sprach ich bei der Visitation in aller Vorsicht im Pfarrgemeinderat und in der Predigt an. Ich wies auf die „fünf Aufmerksamkeiten" hinsichtlich des pastoralen Umgangs mit Betroffenen hin, die Kardinal Schönborn veröffentlicht hatte, und ergänzte, dass man in Einzelfällen unter besonderen Umständen vielleicht sogar noch weiter gehen könnte. Der Ortspfarrer bezeichnete mich daraufhin – hinter meinem Rücken – vor dem Pfarrgemeinderat als nicht mehr „katholisch". Auf sein Geheiß kam es dann zu folgendem Briefwechsel:

```
N. N.
i. A. des Pfarrgemeinderates

Betreff: Differenzen über die Katholische Wahr-
heit beim PGR-Treffen der Pfarre N. am 25. 11.
2009.


Sehr geehrter Herr Weihbischof!

Wir wenden uns mit einem Problem an Sie, das
den Frieden und die Schaffenskraft unserer
PGR-Gemeinschaft schwer belastet. Es geht um
das Thema: Zugang zur Eucharistie für geschie-
dene Wiederverheiratete oder auch für Geschie-
dene in einer neuen (sexuellen) Partner-
schaft.

Position 1: Diese haben keinen Zugang zur Eu-
charistie.
Position 2: Dass sie zugelassen werden unter
Berufung auf Ihre Predigt zu Ostern.
Wir bitten Sie daher, dem Pfarrgemeinderat zu
```

erläutern, wie sich Ihre Vorschläge zum Thema
Kommunionempfang für wiederverheiratete Geschiedene, die Sie bei der Predigt vom 19. April 2009 und im Visitationsprotokoll geäußert
haben, mit der Lehre der Katholischen Kirche
vereinbaren lassen.

Hochachtungsvoll
N.N.
Mitglied des PGR   Wien, am 22. Dezember 2009

Ich habe diesen Brief so beantwortet:

Sehr geehrte Mitglieder des PGR!

Herr N.N. hat mich in Ihrem Namen um Interpretation meiner Aussagen im Laufe der Visitation
zur Pastoral an wiederverheirateten Geschiedenen gebeten. Dem komme ich gerne nach.
    Ich möchte zunächst deutlich machen, dass
ich weder in der Predigt noch im Protokoll der
Visitation von einer „allgemeinen Zulassung"
zu den Sakramenten von Geschiedenen, die wieder geheiratet haben, sprach, sondern behutsam
differenzierte. Mir und wohl allen ist bewusst, wie heikel dieses Pastoralproblem ist
und dass es leider immer mehr Paare betrifft.
Ich habe vor allem auf die „fünf Aufmerksamkeiten" hingewiesen, von denen Kardinal Schön-

born immer wieder auf Dechantenkonferenzen und Priestertagen spricht, und nicht auf die gleichnamige im Brief zitierte Broschüre. Allerdings fußt diese auf den pastoralen Weisungen des Kardinals.

Weiters habe ich gemeint, dass in Einzelfällen noch zu prüfen sei, „ob nicht individuell weitergehende Lösungen zu verantworten sind". Es kann etwa Fälle geben, in denen die erste Ehe wahrscheinlich ungültig war, dies aber aus verschiedenen Gründen gerichtlich nicht (nicht mehr) zu beweisen ist. Es kann aber auch Fälle geben, in denen die erste Ehe auf tragische Weise auseinandergebrochen ist und nun eine zweite Partnerschaft tatsächlich schon zu einem geglückten Familienleben geführt hat. Papst Johannes Paul II. hat in seinem Apostolischen Schreiben „Familiaris consortio", das ja auch vom PGR zitiert wurde, ausdrücklich davon gesprochen, dass es Partnerschaften geben kann, die aus „ernsthaften Gründen - zum Beispiel wegen der Erziehung der Kinder - der Verpflichtung zur Trennung nicht nachkommen können". Dass die Partner dann nur zu den Sakramenten zugelassen werden können, wenn „sie sich verpflichten, völlig enthaltsam zu leben", ist aber von vielen Betroffenen und auch Moraltheologen und erfahrenen Seelsorgern als kaum lebbar interpretiert worden.

Ich stehe zu dem, was ich in der Predigt gesagt und im Protokoll geschrieben habe. Ich habe mich mit dieser pastoralen Frage seit über 30 Jahren beschäftigt und etliches darüber publiziert. Eine genaue Übersicht über verschiedene kirchliche Stellungnahmen dazu im Lauf der letzten Jahre habe ich in meinem Buch „Neue Freude an der Kirche" im Jahr 2001 gegeben. Ich lege diesem Brief einen Sonderdruck dieses Kapitels bei. Hier zeigt sich wohl, wie „dramatisch" das Ringen um die rechte Pastoral an wiederverheirateten Geschiedenen läuft und dass die Kirche längst noch nicht jene Lösung gefunden hat, nach der Recht und Barmherzigkeit glaubwürdig einander begegnen.

Ende Jänner werde ich im Bischofsrat ein Resümee der Visitation im Dekanat 11 ziehen und ausführlich auch über diese pastorale Frage sprechen, die ja erfahrungsgemäß viele andere Pfarren ebenso herausfordert.

In der Hoffnung, dass die von ihnen erbetene Antwort die unterschiedlichen Meinungen in dieser Frage einander näherbringt, und mit den besten Segenswünschen für die so verantwortungsvolle Tätigkeit des PGR im nun begonnen Jahr nach der Visitation

grüßt
Helmut Krätzl
Weihbischof

Aufgrund solcher konkreten Erfahrungen in den Gemeinden dränge ich immer wieder zu einer gesamtkirchlichen Lösung, die die „pastorale Barmherzigkeit noch umfassender" erleben lässt, wie es die Bischofssynode 1980 verlangte, und wofür der damalige Erzbischof von München, Kardinal Joseph Ratzinger, Zeuge ist.

Interview V

„Ein neues Konzil? – Um Gottes willen, nein!"

Es hat nicht den Anschein, als würde es unter Benedikt XVI. noch zu einer weitreichenden Kirchenreform kommen. Was gibt Ihnen trotzdem Hoffnung?

Krätzl: Es ist ein Faktum, dass die Bedrängnis immer größer wird. Sorgen muss es der Kirchenleitung außerdem machen, dass sich die Kirchenbasis in einigen wesentlichen kontroversiellen Fragen schon von der Hierarchie gelöst hat. Es gibt Pfarrgemeinden, da wird ganz offensichtlich anders gehandelt, als es die strenge römische Linie vorgibt: in der Frage der wiederverheirateten Geschiedenen, in der Frage der Empfängnisregelung, in der Frage der eucharistischen Gastfreundschaft in der Ökumene.

Kommt also die Erneuerung von unten?

Krätzl: Ja und nein. Ja, weil ich überzeugt bin, dass hier in einzelnen Gemeinden und unter besonderen Umständen einiges vorweggenommen wird, was die römisch-katholische Weltkirche in ihrer Universalität und Katholizität erst lernen und in ihr Lehrgebäude aufnehmen muss. Nein, weil ich meine, dass diese akute Spaltung zwischen Hierarchie und Kirchenvolk, dieses horizontale Schisma in der römisch-katholischen Kirche, kein zukunftsträchtiges und kein wünschenswertes Modell ist und sein kann. Es gibt die vielen Glieder, aber es gibt nur den einen Leib. Die Bitte Jesu, dass sie eins seien, gilt nicht nur im Hinblick auf den Skandal der getrennten Kirchen, sie gilt auch im Hinblick auf den inneren Zusammenhalt der Glieder der römisch-katholischen Kirche.

Wie soll es dann zu einer Erneuerung kommen, wenn die Revolution von unten allenfalls ein Anstoß sein kann, aber jedenfalls keine dauerhafte Lösung?

Krätzl: Der ägyptische Jesuit Henri Boulad sagt, er kenne viele Bischöfe, die wie er selbst eine Kirchenreform für dringend notwendig hielten. Er sagt: „Ich begegne vielen Bischöfen, die wissen, dass ich progressiv denke. Aber sie akzeptieren das, weil sie wissen, dass ich die Kirche liebe. Das ist der Grund, warum ich so eisern für sie kämpfe, denn ich bin ein Teil dieser Kirche." Er meint, etwas radikaler, als ich es selbst vielleicht formuliere würde: „Warten Sie doch nicht auf eine Lösung durch den Vatikan. Er kann und wird niemals eine Vielfalt erlauben. Die Vielfalt der Kirche muss Realität werden, was aber nur von unten beginnen kann." Die reformwilligen Kräfte, allen voran die Bischöfe unter ihnen, müssten sich endlich miteinander vernetzen und gemeinsam in Rom ihre Anliegen vorbringen.

In eine ähnliche Richtung gehen Vorschläge, die es in jüngster Zeit vermehrt aus Theologenkreisen gegeben hat, im Hinblick auf die mögliche Weihe von Frauen zu Diakoninnen: Reformwillige Bischöfe, Theologen und Laien sollten sich zu informellen Foren zusammenfinden, in denen dieses und andere heiße Eisen wieder offen diskutiert, theologisch weiter geklärt und schließlich als konkrete Reformvorschläge formuliert werden könnten. Mit einem Wort: Was fehlt, ist die Vernetzung der reformwilligen Kräfte. Sie sind im Einzelnen nicht wenige. Die kritische Masse dafür gibt es. Es müsste nur jemand die Regie in die Hand nehmen.

Könnte auf weltkirchlicher Ebene ein Drittes Vatikanisches Konzil das Reformrad wieder in Bewegung bringen?

Krätzl: Um Gottes willen, nein, jetzt nicht! So wie die Mehrheitsverhältnisse derzeit im Vatikan und in den Bischofskonferenzen sind, hätten die konservativen Kräfte an der Kurie ein solches Konzil voll in der Hand. Es gibt an der Kurie einen unverhältnismäßig großen Anteil an Mitarbeitern, vor allem auf der mittleren Ebene, aus konservativen Bewegungen. Da heute die Interpretation des Konzils so unterschiedlich ist, wäre auf einem neuen Konzil eine massive Auseinandersetzung diesbezüglich zu befürchten, aber kein vorurteilsloses Suchen nach neuen Wegen, wie sie die Kirche in der heutigen Gesellschaft braucht.

Ein Beispiel: Prälat Guido Pozzo, der Sekretär der Päpstlichen Kommission Ecclesia Dei, zuständig für die traditionalistische Petrusbruderschaft, sagte im August 2010 in einem Vortrag in Wigratzbad, die Kirche habe sich seit dem Konzil in zwei theologischen Flussbetten fortbewegt: „In dem der Hermeneutik des Bruchs, die mit dem Konzil eine ganz neue Kirche aufgehen sah und unter Berufung auf den ‚Konzilsgeist‘ entsprechende ‚Reformen‘ sehen möchte. Und in dem der Hermeneutik der Kontinuität, die dic Texte des Zweiten Vatikanums im Lichte der Tradition der Kirche liest und allenfalls von Entfaltungen der kirchlichen Lehre, nicht aber von einem Bruch mit der ‚vorkonziliaren Kirche‘ sprechen will.“ Mit anderen Worten: hier geht es um Konzil versus parakonziliarer Ideologie.

Könnte es nicht so sein wie beim Zweiten Vatikanum, dass die Bischöfe aus aller Welt letztlich einschränkende Vorlagen der Kurie nicht mittragen, sondern in ihrer Verantwortung für die Gesamtkirche – wie beim Konzil damals – auf Reformen drängen?

Krätzl: Die Tendenzen bei den Bischofsernennungen der vergangenen zwei Jahrzehnte lassen diese Hoffnung nicht sehr groß erscheinen. Man hat den Eindruck, es werden jene Kandidaten bevorzugt, die in den umstrittenen Fragen keinerlei Kritik anbringen. Es könnte hier wohl nur ein ähnliches Wunder geschehen wie beim Zweiten Vatikanum, dass einmal ein künftiger Papst, ohne dass seine Wähler das beabsichtigt hätten, von sich aus ein Reformkonzil proklamiert. Dann würden wohl auch viele Bischöfe wie unter Johannes XXIII. mit dem Papst umdenken. Aber solche Wunder geschehen selten, man kann nicht mit ihnen rechnen. So bleibt also nur, die heutigen Differenzen über die Interpretation des Konzils – sie ist der Hauptgrund der heutigen Spaltung in der katholischen Kirche – in aller Geduld und Beharrlichkeit, sachlich und theologisch reflektiert auszudiskutieren. Dazu drängen uns die Herausforderungen der Zeit und der Gesellschaft, aber auch die wachsende Kritik derer, die die Kirche besonders lieben. Kann nicht auch aus ihnen der Geist Gottes sprechen?

VI. Meine Hoffnung für eine Kirche, die Zukunft hat

Eine Kirche, die dem Einzelnen dient
Oder: Eine Kirche, die jeder und jedem zu mehr Leben hilft

Von Jacques Gaillot, dem ehemaligen Bischof von Évreux, stammt das Wort: „Eine Kirche, die nicht dient, dient zu nichts." Dieses Wort gibt mir immer neu zu denken. 2007 habe ich in meinem Buch „Eine Kirche, die Zukunft hat" (im Verlag Styria zu meinem dreißigjährigen Bischofsjubiläum erschienen) dazu weitere Überlegungen angestellt. „Eine Kirche, die dient", das ist keine billige Anpassung an eine Gesellschaft, die die Kirche nur mehr schätzt, wenn sie „nützlich" ist. Dieses Wort berührt vielmehr den Grundauftrag der Kirche. Die Kirche hat eine verkündigende, gleichzeitig aber auch eine diakonische Funktion. Worin dieser Dienst besteht, hat das Konzil in der Pastoralkonstitution „Die Kirche in der Welt von heute" (GS 41–43) sehr konkret benannt. Zum einen soll die Kirche den heutigen Menschen helfen, ihre Persönlichkeit zu entwickeln und zur volleren Entfaltung zu bringen, und zum anderen soll sie der Gesellschaft helfen, zu einer Einheit zu kommen. Die Kirche hat keinen Selbstzweck, sie ist in Christus gleichsam das Sakrament, das heißt das Zeichen und Werkzeug, für die innigste Vereinigung des Menschen mit Gott sowie für die Einheit der ganzen Menschheit (LG 1). Kirche will für die Menschen zu einem Zeichen werden, nicht auf sich hin, sondern auf Gott. Es ist ein Dienst, der nicht „von oben herab", sondern nur im Dialog angeboten werden kann.

Viele Menschen stehen der Kirche heute skeptisch gegenüber, weil sie befürchten, die Vorschriften der Kirche würden das Leben einengen, ihnen Freiheit und Selbstbestimmung nehmen, ihnen in Krisenfällen eher Haltetafeln hinstellen als Wegweiser. Eine Kirche, die wirklich dienen will, müsste immer mehr glaubwürdig machen, dass sie einen Jesus Christus verkündet, der gekommen ist, „damit sie das Leben haben und es in Fülle haben", wie es uns im Johannesevangelium 10,10 überliefert ist.

Die Verkündigung in der Kirche darf nicht von der Lehre her beginnen, sondern muss zuallererst den Menschen aufmerksam und ehrfurchtsvoll in den Blick nehmen. Den Menschen in seiner je einmaligen Würde, seinen Sehnsüchten und seinem Bemühen, aber auch mit den oft unvermeidbaren und leidvollen Brüchen. Dazu gehört, Mut zum Leben machen. Mut, sich selbst zu entdecken mit den von Gott gegebenen Fähigkeiten und Begabungen. Das Selbstbewusstsein stärken. Den Menschen zu innerer Freiheit und Eigenverantwortung erziehen. Ihm helfen, sein Gewissen so zu bilden, dass er tatsächlich fähig wird, Gottes Stimme in seinem Innersten zu hören (GS 16). Ein so gebildetes Gewissen ist dann aber auch als letzte Instanz der sittlichen Entscheidungen zu respektieren.

Bei dieser Hilfe schöpft die Kirche aus dem Reichtum der Heiligen Schrift und aus der Erfahrung des Glaubens durch die Jahrhunderte. Aber diese Schätze dürfen nicht wie ein Diktat vermittelt werden, sondern in einem argumentativen Dialog. Ein Dialog, der nie das Leben aus den Augen verliert und nur dort überzeugt, wo der „Mehrwert" für das Leben erkennbar wird. Kirche darf in ihrer Verkündigung und in ihren Forderungen nie an den Lebenswirklichkeiten des Menschen vorbeigehen.

Eine besondere Herausforderung für die Kirche ist die Jugend. Sie hat Hunger nach dem Leben, aber bisweilen auch Angst vor dem Leben. Die Briefe, die ich mir seit Jahren vor der Firmung von den Jugendlichen schreiben lasse, spiegeln ihr Leben und ihr Verhältnis zur Kirche wider. Sie schreiben von ihren zahlreichen Hobbys, schätzen besonders Freundschaft und suchen alles, was ihnen „Spaß" macht. Das Wort Kirche kommt eher selten vor. Sie erscheint ihnen wie eine versteinerte Institution, die sich gegen alles Moderne stellt, der sie fast ein Ablaufdatum verpassen. Sie erwarten sich keine Hilfe für das Leben von ihr, sondern befürchten eher eine Einengung.

Eine Kirche, der die Jugend wieder Vertrauen schenkt, müsste ihr etwas für das Leben, das vollere Leben geben. Entgegen einer oberflächlichen Fun- und Spaßgesellschaft gilt es, ihnen zu helfen, tiefere Wurzeln der Freude zu entdecken. In der Firmpredigt versuche ich ihnen zu zeigen, wie ihre vielen Fähigkeiten und Begabungen gleichsam die Handschrift Gottes in ihrem Leben sind. Er hat ihnen diese Talente gegeben, damit sie sie zur Entfaltung bringen – für sich und zum Nutzen anderer. Die Schöpfung, die sie achten, – so will ich ihnen zeigen – wird noch wunderbarer, wenn man in „allen Dingen" Gottes Spuren erkennt. Gemeinschaft schätzen sie hoch. Da knüpfe ich an und sage, dass Kirche im Wesentlichen Gemeinschaft ist. Eine Gemeinschaft von Suchenden und Glaubenden, von Heiligen und Sündern. Und dass diese Kirche die Geschichte wesentlich mitgetragen und gestaltet hat. Die Jugend denkt heute schon sehr früh global. Ich möchte sie stolz machen, zu einer Kirche zu gehören, die über die ganze Welt verstreut und somit der älteste „Global Player" ist, schon längst bevor die Wirtschaft die Globalisierung als kommerziellen Wert entdeckt hat. Der Glaube an Gott, so versuche ich zu zeigen, macht das Leben reicher. Das verstehen auch manche. In den Briefen schreiben sie – bei allen Zweifeln –, wie Gott eigentlich ist, dass er ihnen Halt im Leben bedeutet. Immer für sie da ist.

Wohl auch eine verdeckte Klage, dass sie sich sonst oft alleingelassen fühlen.

Das lässt sich 13- und 14-Jährigen – so alt sind in Wien die Firmlinge – noch relativ leicht sagen. Wenn aber dann die stürmische Reife einsetzt, die ersten Erfahrungen des Verliebtseins gemacht werden, dann entfernt sich das Leben der Jugendlichen häufig immer weiter von den Lebensvorstellungen kirchlicher Moral. Die Jugend steht hier inmitten einer Gesellschaft, die ganz anders denkt als die Kirche. Sie wird von den Massenmedien gleichsam in bestimmte Verhaltensmuster gedrängt, die angeblich den modernen jungen Menschen ausmachen. In dieser Entwicklungsphase der jungen Menschen sind Verantwortliche in der Kirche oft hilflos. Wo ist hier die rechte Mitte zwischen Strenge und Offenheit, wie lassen sich Rigorismus auf der einen und Laxismus auf der anderen Seite vermeiden? Was heißt hier „Leben in Fülle", wo Leben auf einmal in ganz neuer, faszinierender Weise erfahren wird und gerade jetzt vieles als nicht erlaubt erscheint?

Wo die jungen Leute entscheidende Weichen für ihr weiteres Leben stellen, hätte die Kirche viel zu geben. Aber wie kann sie ihnen vermitteln, dass die „Fülle des Lebens" sich in Eigenverantwortung und in Rücksichtnahme und Mitverantwortung für einen Partner zeigt, sehr bald auch in Verantwortung für das werdende Leben? Dass das eigene Leben so wertvoll ist, dass es nicht nach dem Klischee des Boulevards ablaufen darf? Dass es auch sehr erfüllend sein kann, bewusst andere Wege zu gehen, als die Masse vorzeigt? Dass Warten und Verzichten nicht einengen muss, sondern sogar mehr Freiheit, innere wie äußere, schaffen kann? Um aber all das leisten zu können, brauchen Jugendliche gerade in dieser Phase eine „Kirche", die sehr verständnisvoll und vertrauensvoll mit ihnen umgeht. Sie brauchen gerade jetzt eine besondere Beziehung zu Christus im Gebet und in den Sakramenten und nicht den Ausschluss davon, bis sich ihr Sturm und Drang wieder gelegt hat.

Von der Kirche erwarten auch jene besondere Hilfe für das Leben, die in Krisen geraten sind. Krisen kommen oft unerwartet und in vielerlei Gestalt. Enttäuschungen in der Partnerschaft oder mit den eigenen Kindern, Verlust des Arbeitsplatzes, eigene Krankheit oder der Pflegenotstand engster Verwandter. Hat die Kirche hier eine Botschaft, die nicht nur zum Kreuztragen ermahnt, sondern auf der Suche nach Sinn begleitet? Eine Botschaft, die in allen „Prüfungen" des Lebens keinen strafenden, sondern einen liebenden, mitleidenden, erlösenden Gott vermittelt?

Immer häufiger erwarten Menschen nach gescheiterter Partnerschaft und Ehe einen verständnisvollen, aufbauenden Dienst der Kirche. Ein Lebensabschnitt, der vielleicht sehr glücklich war, ist zu Ende. Ist damit auch das volle Leben zu Ende, bleibt partnerschaftliche Liebe künftig nun versagt? Wenn unser Gott ein Gott des Lebens ist, gibt er dann nicht auch einen neuen Anfang? Kann es nicht sogar eine läuternde Chance sein, aus den traurigen Erfahrungen zerbrochener Liebe, unter anderen Voraussetzungen sie noch einmal mit neuen Vorsätzen zu wagen?

Die Nähe der Kirche werden künftig vor allem jene suchen, die bei ihr Verständnis in allen Lebenslagen finden, Trost und Wegweisung, und denen Hoffnung und auch Mut gemacht wird zu neuem Anfang.

Eine Kirche, die der Gesellschaft dient

Oder: Eine Kirche, die für das Zusammenleben unersetzbare Hilfen leistet

Die Konzilsväter haben verantwortungsvoll von dieser Hilfe gesprochen. Aber braucht die Gesellschaft heute noch den Dienst der Kirche? Ist sie nicht längst selbständig genug, emanzipiert von kirchlichen oder religiösen Zielvorstellungen und Hilfeleistungen? Der deutsche Staatsrechtler Ernst-Wolfgang Böckenförde hat 1967 eine bis heute oft zitierte These aufgestellt: „Der freiheitliche, säkularisierte Staat lebt von Voraussetzungen, die er selbst nicht garantieren kann." Und weiter fragt er, „ob nicht auch der säkularisierte, weltliche Staat letztlich aus inneren Antrieben und Bindungskräften leben muss, die der religiöse Glaube seiner Bürger vermittelt".

Welche Antriebe sind das wohl, die die Gesellschaft braucht, um besser leben zu können?

Einmal die Hilfe zu mehr *Solidarität*. Wir leben in einer „postsolidarischen" Gesellschaft. Unter Solidarität wird höchstens noch der Zusammenschluss von Interessensgruppen gegen andere verstanden. Der Staat kann weitergehende Solidarität, „Nächstenliebe" nicht verordnen. Dazu braucht es eine Grundstimmung in der Gesellschaft. Woher soll sie kommen, wenn nicht aus der Motivation christlicher Nächstenliebe, die sogar töricht sein kann?

Es gibt viel Unversöhnlichkeit in der Welt. Wichtigste Voraussetzung für *Versöhnung* ist Vergebung. Im politischen Großmaßstab scheint Vergebung keine Chance zu haben. Zur christlichen Utopie gehört es zu glauben, dass dennoch auch unter Parteiungen, Volksgruppen, ja ganzen Völkern Versöhnung möglich ist. Dafür muss aber zuerst ein Resonanzboden geschaffen werden, „in dem ein solcher Gedanke seinen Wohlklang entfaltet. Christen können und müssen damit anfangen, durch das ansteckende Zeugnis ihrer Vergebungsbereitschaft und gelingenden Versöhnung, einen solchen Resonanzboden zu bauen." (Otto Hermann Pesch)

Gerechtigkeit verlangen alle, und doch ist sie so schwer durchsetzbar. Warum? Papst Benedikt XVI. gibt in seiner ersten Enzyklika „Deus Caritas est" eine Erklärung. Das Erbauen einer gerechten Gesellschafts- und Staatsordnung ist eine politische Aufgabe und daher nicht unmittelbarer Auftrag der Kirche, so schreibt er. Aber aus der Mitverantwortung für die Welt hat die Kirche die Pflicht, auf ihre Weise „durch die Reinigung der Vernunft und durch ethische Bildung ihren Beitrag zu leisten, damit die Ansprüche der Gerechtigkeit einsichtig und politisch durchsetzbar werden. (…) Sie muss in das Ringen der Vernunft eintreten, und sie muss die seelischen Kräfte wecken, ohne die Gerechtigkeit, die immer auch Verzichte verlangt, sich nicht durchsetzen und nicht gedeihen kann."

Die Gesellschaft braucht taugliche *Friedensstifter*. Die Geschichte der Menschheit ist zumeist mit dem Blut von Kriegen geschrieben. Nach der Auferstehung hat Jesus den Seinen „seinen" Frieden hinterlassen und gesagt: „Meinen Frieden gebe ich euch, nicht einen Frieden, wie die Welt ihn gibt" (Joh 14,27). Die Kirche wird in Zukunft umso mehr Ansehen genießen, je mehr sie zum Frieden verhilft. Aber um den Frieden „von unten" her zu sichern, braucht es eine Gesinnungsänderung. Die kann nur kommen, wenn sich immer mehr Menschen trotz vieler Rückschläge unermüdlich für den Frieden einsetzen.

Böckenförde hat auch von *Bindungskräften* gesprochen, die der säkulare, neutrale Staat braucht. Über alle Formen der Bindung durch gemeinsame Geschichte, Kultur, Sprache, Nation hinaus reden wir Christen vom Einssein in Christus. Alle, die auf Christus getauft sind, sollten wissen, „es gibt nicht mehr Juden und Griechen, nicht Sklaven und Freie, nicht Mann und Frau, denn ihr alle seid ‚einer' in Christus" (Gal 3,28). Das bedeutet, dass das Christentum eine Kraft ist, die Nationalitäten, Sprachen, Rassen bei allem Respekt vor der Identität des anderen innerlich verbindet. Was hätten da die Christen in Europa, das noch immer statistisch mehrheitlich christlich ist, für eine Aufgabe! Wie könnten Christen weltweit einigend wirken, da sie doch zusammen fast zwei Milliarden ausmachen. Kirchen werden in der säkularen Gesellschaft danach gemessen, welchen Beitrag sie zum bessern Zusammenleben leisten. Eine noch weiter reichende Bindungskraft kommt aus dem Glauben an den einen Gott, zu dem sich alle monotheistischen Religionen bekennen. Sie alle glauben an den einen Gott, der die Welt geschaffen hat, der barmherzig ist und vor dem sich jeder einmal verantworten muss. Eine säkulare Gesellschaft wird den Wert des Religiösen erst wieder erkennen, wenn Religionen nicht mehr nur über das Trennende diskutieren, sondern lehren und vorleben, dass wir alle als Geschöpfe des einen Gottes in ihm verbunden sind.

Damit ist auch schon eine weitere Dimension berührt, die Christen dieser Gesellschaft eröffnen sollen, nämlich der *Blick auf das Transzendente*. Die wachsende Suche nach Spiritualität zeigt die Sehnsucht nach mehr als nur Materiellem. Die Christen sind der Welt schuldig, aus ihrem Glauben heraus Antwort auf das „Danach" zu geben. Eine Hoffnung, die nicht leichtfertig auf „später" vertröstet, sondern eine ganz eigenartige Kraft verleiht, auch in scheinbar Unlösbarem nicht aufzugeben. Früher hat die Kirche zu viel vom Jenseits geredet. Jetzt scheint sie eher in Gefahr zu sein, zu viel vom Diesseits und seiner Veränderung zu reden und dabei selbst „säkular" zu werden. Damit aber bliebe sie den Menschen die allerwichtigste Antwort schuldig: Was ist der Tod? Was kommt danach? Welche Verantwortung lade ich heute hier auf mich, wenn ich an das Danach denke?

Der Gedanke, dass die Gesellschaft die Kirche braucht, löst uns heraus aus einem engen konfessionellen Denken. Er stärkt das Selbstbewusstsein der Christen, zeigt uns die historische Verantwortung und spornt uns an, alle Kräfte für diesen Dienst zu mobilisieren. Und gerade für dieses Ziel werden wir auch Menschen guten Willens ansprechen können, die einer üblichen Praxis in der Kirche sonst (noch) fernstehen.

Zeichen, die Mut machen
Oder: Die Kirche bewegt sich doch

Die Beurteilung der römisch-katholischen Kirche ist heute vielfach negativ. Der Jugend erscheint die Kirche als eine veraltete Institution, die nicht in ihrer Lebenswelt angekommen ist. Unter Erwachsenen, heute zunehmend gerade unter sehr engagierten Kirchengliedern, macht sich Enttäuschung darüber breit, dass die Erneuerung der Kirche ausbleibe. Es wächst sogar der Eindruck, manches werde „zurückgedreht". Bei meinen vielen Vorträgen, in denen ich auch mit Kritik an Vorgängen oder Versäumnissen in der Kirche nicht spare, werde ich oft gefragt, was mir dann dennoch die Hoffnung gibt, es könnte sich etwas ändern. Ich weise dann auf verschiedene Aufbrüche hin, die sich entgegen aller beklagten Stagnation zeigen.

Einen solchen Aufbruch sehe ich bei *neuen geistlichen Bewegungen*. Sie sind dann zukunftsweisend, wenn sie sich als Teil des Ganzen verstehen, aber nicht als der alleinige Weg. Und wenn sie gerade aus ihrer Freude an der Kirche und ihrer Loyalität dem Papst gegenüber die notwendigen Erneuerungen der Kirche sehen und den Fortschritt mitverantworten wollen.

Einen weit verbreiteten Aufbruch sehe ich in der Basis. Die Zahl der Kirchenbesucher hat in den letzten Jahren abgenommen, das Engagement derer, die kommen, ist aber viel größer geworden. Das zeigen „Tischmütter" bei der Vorbereitung auf die Erstkommunion, ein „Heer" von Firmhelfern gerade in der Großstadt, Pfarrgemeinderäte, die ein hohes Maß an Mitverantwortung zeigen, Pastoralassistenten und -assistentinnen, Religionslehrer und -lehrerinnen, Ehrenamtliche ohne Zahl in Pfarr- und Krankenpastoral, die Seelsorge leisten, ja die Seelsorge gegenüber früher sogar viel reicher entfalten.

Die *Selbständigkeit der Gemeinden* wächst besonders dort, wo kein Priester mehr am Ort wohnt. Wenn nötig, werden an Sonn- und Feiertagen Wortgottesdienste gefeiert. Man fragt nicht so sehr, ob dadurch die „Sonntagspflicht" erfüllt wird, sondern weiß, wie wichtig es ist, dass sich die Gemeinde um das Wort Gottes versammelt und so den Tag des Herrn heiligt. Viele Pfarren suchen eigene Wege in der Pastoral, auch in so heiklen Fragen wie der Seelsorge für wiederverheiratete Geschiedene. Da die römischen Vorschriften kaum Spielraum lassen, versucht man diese Frage individuell zu regeln und dabei die Gewissensentscheidung der Betroffenen (nach Beratung) zu respektieren. Freilich drängt es danach, endlich auch gesamtkirchlich lebbare Wege für eine solche Pastoral zu legitimieren. Inzwischen aber scheint die „Basis" in oft sehr verantwortungsvoller Weise neue Wege für eine allgemeine Regelung „auszuprobieren". Ich finde, dass in vielen Pfarren der Geist des Konzils, ohne dass man es dort weiß, lebendiger ist als bei Verantwortlichen in der Kirche, die von diesem Geist doch angetrieben sein sollten.

Auch *Spannungen* innerhalb der Kirche sind nicht nur negativ, sondern Zeichen von Leben. Sie erzeugen eine besondere Dynamik. Z. B. Spannungen zwischen geweihten Amtsträgern und nichtgeweihten Gläubigen. Das Konzil hat wohl das gemeinsame Priestertum wieder stark betont, dieser neue Ansatz wurde aber theologisch offiziell nie weitergedacht. Es genügt nicht, solchen Spannungen geltendes Recht entgegenzuhalten, sondern es tut not, die Fragen theologisch, auch gesamtkirchlich, zu diskutieren, und zwar offen für neue Lösungen. Es ist erfreulich, dass in der Erzdiözese Wien gerade in dieser Richtung jetzt ein Prozess begonnen hat.

Spannung gibt es heute auch wiederum zwischen Lehramt und Theologie. Sie ist naturgegeben, da das Lehramt den Glauben bewahren, die Theologie aber durch die Forschung zum immer tieferen Verständnis und zur Weiterentfaltung der Glaubenswahrheiten beitragen, ja lehramtliche Aussagen sogar vorbereiten soll, wie es im Konzilsdokument Dei Verbum 12,5 für Exegeten ausdrücklich heißt. Aber diese Spannung müsste beleben, wie am Konzil, als sich Bischöfe von Theologen – auch von solchen, die vor dem Konzil gemaßregelt worden waren – vertrauensvoll haben beraten lassen. Ich freue mich, dass es heute möglich ist, theologische Dispute in aller Öffentlichkeit auszutragen. Namhafte Bildungsinstitute wie etwa die Katholische Akademie in München oder jene in Freiburg im Breisgau und viele andere laden zu hochrangigen Diskussionen über heikle Themen ein. Und Publikationen, wie die „Herder Korrespondenz", „Stimmen der Zeit" oder „Christ in der Gegenwart" bieten regelmäßig Raum zu gründlicher, kritischer Auseinandersetzung.

Ein weiterer Grund zur Hoffnung ist, dass das *Interesse an Theologie* wächst, obwohl das Image der Kirche gesunken ist. In Wien studieren an der Katholisch-Theologischen Fakultät zurzeit 900 Frauen und Männer. Daneben gibt es „Theologische Kurse", die in 26 Monaten alle wichtigen theologischen Fächer vermitteln. In immer mehr Pfarren wird das Angebot von geblockten theologischen Veranstaltungen angenommen. Dadurch entstand in den letzten Jahrzehnten eine sehr große Zahl theologisch gut gebildeter Laien, die sich für eine kompetente Mitarbeit und Mitverantwortung in Pfarren und Diözesen qualifiziert haben. Äußere religiöse Praxis nimmt ab, die ernste Reflexion des Glaubens aber nimmt zu.

Allenthalben erlebe ich auch eine neue Interpretation des „*Sentire cum ecclesia*". Früher hat man darunter nur einen kritiklosen Gehorsam verstanden. Heute denkt man daran, dass „sentire" verschiedene Bedeutungen hat und dass auch unter „ecclesia" vieles zu verstehen ist. Das lateinische Wort sentire kann bedeuten: wahrnehmen, fühlen, empfinden, schmerzlich empfinden, verspüren, meinen, dafürhalten, gesinnt sein, urteilen. Sentire muss also keinesfalls heißen, mit allen Aussagen kritiklos übereinzustimmen, sondern bedeutet auch „mitfühlen", manchmal auch „schmerzlich" urteilen, auch eigenständig. Für mich zeigt sich das rechte „Sentire cum ecclesia", wenn jeder in seiner Form die Mitverantwortung wahrnimmt, oft in sehr unterschiedlichem „Mitgefühl". Das schaut dann bei Bischöfen anders aus als bei einfachen Gläubigen, bei Theologen anders als bei theologisch weniger Gebildeten.

Und mit „ecclesia" ist nicht nur die Kirchenleitung gemeint, Rom, römische Stellen, der Papst. Kirche ist auch die Ortskirche, die Diözese. Für diese ist der Bischof zunächst verantwortlich, da ihm der Dienst an ihr iure divino, also von Gott, übertragen wurde. Wo es Spannungen gibt zwischen der Diözese und Rom, hat der Bischof die Verantwortung nach beiden Seiten zu tragen. Es kann nicht sein, dass in Krisenfällen mit Berufung auf Rom die Eigenverantwortung in der Diözese aufgegeben wird. Der Bischof hat auch Anwalt der Menschen an der Basis zu sein. Freilich ist bei Differenzen in lehramtlichen Aussagen die Spannung mit allem Respekt nach beiden Seiten, aber auch mit Mut auszuhalten. Kirche sind auch die Gläubigen mit ihren Nöten und Sehnsüchten, auch mit ihrem so wichtigen Glaubenssinn, dem sensus fidelium.

Zur Kirche gehören schließlich auch die Fernstehenden, „Entlaufenen", Ausgetretenen, Dissidenten. Zunächst darf man auch ihnen das „Sentire cum ecclesia" nicht voreilig absprechen, sondern fragen, was zu Distanz, gar zu Kontestation geführt hat. Dann aber heißt mit der Kirche fühlen auch mit diesen mitfühlen. Das zeigt sich im geduldigen Dialog, im Ausschöpfen aller nur möglichen Mittel, wobei eine offizielle Distanzierung oder Zensur nur das letzte Mittel sein darf. Gerade der Umgang mit diesen wird zu Recht von der „Welt" als Test für die Glaubwürdigkeit kirchlichen Gemeindesinns, für Vergebungsbereitschaft und Barmherzigkeit angesehen. Das „Sentire cum ecclesia" würde eine ganz neue Qualität bekommen, wenn man sich am Wort des Philipperbriefes 2,5 orientiert: „Seid untereinander so gesinnt, wie es dem Leben in Christus Jesus entspricht."

Bei aller beklagten Stagnation erlebe ich so vieles, das in Bewegung geraten ist. Und die künftige Erneuerung wird wie meist in der Kirchengeschichte wieder von der Basis kommen. Dass sie auch von einem Papst kommen kann, zeigte Johannes XXIII. Er war aber eine Ausnahmeerscheinung, eine besonderes Geschenk des Heiligen Geistes. Jetzt müssen wir wohl warten, bis der Reformstau „von unten" noch größer wird.

Mein Kirchentraum

Oder: Wie eine Kirche in Zukunft sein müsste

Ich träume von einer Kirche, die ihre Stellung *zu* einer pluralen Gesellschaft viel deutlicher erkennt, aber in einer Neubestimmung von Nähe und Distanz zu dieser Gesellschaft ihre „gute Nachricht" selbstbewusst vertritt. Eine Kirche, die sich ihrer religiösen Sendung voll bewusst ist und doch weiß, dass ihr gerade aus dieser religiösen Sendung Auftrag, Licht und Kraft zukommt, um – nach den Worten der Konzilskonstitution „Gaudium et spes" – „der menschlichen Gemeinschaft zu Aufbau und Festigung nach göttlichem Gesetz behilflich zu sein". Das bedeutet, dass sie politischer werden muss. Dass sie sich sachlich, aber auch mutig in Vorgänge der Gesellschaft einmischt, aber auch jene unterstützt, die neue Lösungen suchen. Sie muss dabei parteiisch mit den Gefährdeten sein, nicht aber mit den „Mächtigen" oder den politischen Parteien.

Ich träume von einer Kirche, die mehr von Gott redet als von Moral. Von einem Gott, der den Menschen liebt, ihn aber gerade auch aus Liebe herausfordert, der befreit, der Zukunft gibt, jetzt schon im Irdischen, und nicht erst in der Ewigkeit. Kirche soll nicht so oft „im Namen Gottes" reden, sondern mit allen ihren Gliedern aufmerksam auf ihn hören.

Ich träume von einer Kirche, die bereit ist, entsprechend den „Zeichen der Zeit" neue Strukturen zu schaffen. Das betrifft im Sinne einer notwendigen Dezentralisierung die Schaffung von Zwischeninstanzen zwischen Weltkirche und Ortskirchen, etwa in der Art der alten Patriarchate. Eine Neugestaltung des Petrusdienstes steht an. Dazu hat Papst Johannes Paul II. ja schon 1995 aufgerufen. Und es braucht angesichts des bedrohlichen Priestermangels neue Zugänge zum Priesteramt, vermutlich als ersten Schritt die Weihe von „viri probati" und neue Leitungsmodelle von Gemeinden, in denen Laien auch rechtlich Verantwortung tragen.

Ich träume von einer Kirche, die die Liturgiereform konsequent weiterführt. Die über enge Rubrizistik hinaus mehr Freiheit in der Feier der Sakramente gibt, damit etwas von der Gegenwart Gottes und von seinem unverbrüchlichen Ja zu den von ihm ins Dasein Gerufenen in der Gemeinde erlebbar gemacht werden kann. Auch dafür sind mehr Vollmachten für kulturelle Zonen, für die Ortskirchen, für den „Einzelfall" nötig. Aber aus diesen Träumen schreckt mich auf, dass zuletzt immer deutlicher die „alte Liturgie" propagiert wird. Da denke ich an die richtungsweisenden Worte von Papst Johannes Paul II. anlässlich des 25-Jahr-Jubiläums des Konzilsdokumentes über die Liturgie „Sacrosanctum Concilium". Er sagte: „Es besteht in der Tat eine sehr enge und organische Verbindung zwischen der Erneuerung der Liturgie und der Erneuerung des ganzen Lebens der Kirche." Die erneuerte Liturgie gibt ein neues Kirchenbild wieder und ist nicht nur ein leicht veränderter Ritus.

Ich träume von einer Kirche, die den Glaubenssinn des Volkes Gottes, den sensus fidelium, als wichtige Quelle der Wahrheitsfindung und Orientierung für Lehre und Praxis wahrnimmt.

Ich träume von einer Kirche, die in ihren Reihen all das vorzuleben versucht, was sie der Gesellschaft als menschenwürdig und lebenswichtig zu tun rät. Besonders gemeint sind Versöhnung, Dienst und Gleichheit ohne Ansehen der Person.

Ich träume von einer Kirche, die mutige Schritte in der Ökumene setzt. Wegen der Glaubwürdigkeit ihres Zeugnisses für den versöhnenden und einigenden Christus muss die katholische Kirche alles nur Erdenkliche unternehmen, dass die vielfach ersehnte „versöhnte Verschiedenheit" deutlicher wird.

Ich träume von einer Kirche, die sich noch viel deutlicher zur gemeinsamen Wurzel ihres Glaubens mit dem Judentum bekennt und bereit ist, zusammen mit den monotheistischen Religionen Zeugnis für den einen, wahren, barmherzigen, friedfertigen und einmal alle richtenden Gott abzulegen.

Ich träume von einer Kirche, die die Welt nicht beherrschen, sondern ihr dienen will. Die dann zu ihrem Wesen zurückfindet, wenn sie sich wie Salz und Sauerteig in die menschliche Gemeinschaft mengt und zu einem Licht in aller Dunkelheit wird.

Viele haben Kirchenträume. Aber wahr werden sie nur, wenn wir es nicht beim Träumen belassen, sondern aufwachen und versuchen, unsere Träume in die Tat umzusetzen.

Kirche muss immer noch mehr sein
Oder: War sie früher mehr als jetzt?

In meinem langen Leben, davon 57 Jahre als Priester und 34 Jahre als Bischof, habe ich Kirche sehr vielfältig erlebt. Manchmal denke ich zurück und frage mich, wann sie ihrem Wesen am nächsten gewesen ist. Ich komme zum Schluss, dass ihr immer etwas gefehlt hat, dass sie immer noch mehr, viel mehr hätte sein müssen.

Nach dem Krieg waren wir alle so stolz auf die Kirche. Sie nahm einen ungeheuren Aufschwung in vielen Bereichen des Lebens, sogar in der Politik. Aber ist sie da nicht auch der Versuchung zum Triumphalismus verfallen? Ist nicht ihr Absolutheitsanspruch überdimensional gewachsen? Hat sich die römisch-katholische Kirche nicht als die einzig wahre gesehen und andere christliche Kirchen nicht geachtet, vielleicht sogar verachtet? Es war für uns Jugendliche wunderbar, in dieser Kirche zu sein. Und doch hat sie in ihrer dominierenden Position zunächst sträflich übersehen, was schon alles zu erneuern gewesen wäre.

Dann kam ein Papst, der die Zeichen der Zeit intuitiv erkannt hat und der Kirche eine neue Gestalt geben wollte, Johannes XXIII. Schon damals war uns bewusst und rückblickend wird es immer deutlicher, dass da der Heilige Geist direkt eingewirkt hatte. Die Kirche sollte den Sprung ins Heute machen, „aggiornamento" nannte man das, sie sollte sich nach vielen Richtungen öffnen: zu den anderen christlichen Kirchen, den Weltreligionen, der Welt, die doch von Gott gut geschaffen wurde und nicht verteufelt ist. Schließlich wollte sich die Kirche zum Menschen selbst öffnen, in seiner Freude und Hoffnung, in seiner Trauer und Angst. Es schien wie ein Pfingstereignis zu sein, wo sich plötzlich Menschen und Bereiche verschiedenster Sprachen zu verstehen begannen. Und doch haben sich die Geister geschieden. Die einen taten so, als wäre endlich eine ganz neue Kirche entstanden, nachdem sie vorher vielfach in die Irre gegangen sei, und forderten mit Berufung auf den „Geist" des Konzils einen tiefgreifenden Umsturz. Andere wieder beriefen sich auf Tradition und Kontinuität und waren allen Neuerungen abhold. Das Konzil war ein Highlight in der Kirchengeschichte, ein wirklicher Wendepunkt. Und doch blieb die Kirche danach weit hinter dem zurück, wozu sie der Geist offensichtlich führen wollte. Was ansatzweise zu ihrer Vervollkommnung begonnen hatte, blieb Stückwerk.

Mit 1968 begann ein radikaler Umbruch der Gesellschaft, wo alle Autoritäten hinterfragt und alle Institutionen bekämpft wurden. Wo freie Liebe propagiert wurde und man glaubte, dass sich durch eine Emanzipation von Gott und der Kirche der Frieden wie von selbst einstellen werde. Diese „Kulturrevolution" war die ganz große Herausforderung für die Kirche, eine viel stärkere als in der Nazizeit und anderswo unter einer kommunistischen Herrschaft. Und gerade da hat sich die Kirche wieder in ihrer Schwäche gezeigt. Schmollend, nicht mehr die Vorherrschaft zu haben, und unwillig, sich eine neue Position im Konzert der vielen Meinungen und Deutungsmöglichkeiten von Welt und Leben zu erarbeiten. Kirche ist in dieser sich ändernden Gesellschaft weit hinter ihrer Aufgabe zurückgeblieben.

Und nach lebendigen Aufbrüchen in der Kirche nach dem Konzil in der ganzen Welt, wodurch selbstverständlich auch Unruhe entstanden ist, hat Rom plötzlich auf Stabilität setzen wollen. Nach einer Reihe von mutigen Bischöfen, die sich der neuen Aufgabe gestellt hatten, besonders in Lateinamerika, setzte man solche ein, die mit der Rückendeckung Roms wieder „Ordnung" schaffen hätten sollen. Deutliches Wachsen der Selbständigkeit der Ortskirchen in manchen Ländern durch Synoden wie in Deutschland, Holland, der Schweiz und auch in Österreich wurde schrittweise gebremst. Weiterdenkende Theologen und ihre besorgten, oft gemeinsamen Erklärungen wurden sanktioniert. Damit hat die Kirche bei vielen an Vertrauen verloren und ihren Platz in einer so rasanten und wahrlich nicht ungefährlichen Weiterentwicklung der Gesellschaft verloren. Ist da nicht in vielen die brennende Sehnsucht erwacht, Kirche müsste doch gerade jetzt viel mehr sein im Auftrag Jesu, im Dienst für diese Welt? Haben da nicht aus Angst um Einfluss und Macht und oft unter dem Deckmantel der „unaufgebbaren Tradition" Verantwortliche in der Kirche jenes Mehr verhindert, das Kirche gerade in dieser so bewegten Zeit hätte sein sollen?

Nun ist die römisch-katholische Kirche wie von einem Erdbeben erschüttert, von riesigen Wellen haushoch überflutet, zuletzt durch die Aufdeckung der ungeheuren Missbrauchsfälle. Aber schon vorher hat sie Vertrauen verloren, weil sie in manchen Moralvorstellungen so stark am Leben der Menschen vorbeigeht, um nur Ehemoral, Geschiedenenpastoral, ja Sexualmoral insgesamt zu nennen. Die Kirchenaustritte nehmen erschreckend zu. Der Priestermangel bedroht die Grundfunktionen einer lebendigen Gemeinde. Eine einst so stolze Kirche ist nun in den Augen der Jugend ein „Auslaufmodell", eine Institution, die ihrer Meinung nach zu allem Neuen einfach Nein sagt. Aber lässt nicht gerade die bedrückende, zum Teil beschämende Situation der Kirche noch lauter als früher danach fragen: Was ist denn die Kirche wirklich ihrem Wesen nach? Was darf sie, ja muss sie aufgeben, um ihren Dienst gerade heute leisten zu können?

Schon in der Heiligen Schrift und dann im Laufe ihrer Geschichte haben sich unterschiedliche Kirchenbilder entwickelt. Vielleicht sollen uns diese daran erinnern, wie Kirche unterwegs ist. Dass sie eben nicht das „Reich Gottes auf Erden" ist, sondern immer nur Hinweis darauf. Allerdings auch eine Gemeinschaft, von Jesus gegründet, die dieses Anbrechen mehr und mehr sichtbar machen soll. Ich hatte schon im Mai 1996 am Geistlichen Tag der Pastoralen Berufe im Bistum Speyer und 1997 vor 2500 Pfarrgemeinderäten in der Diözese Innsbruck darüber nachgedacht und Folgendes gesagt:

> Ich habe gerade in den letzten Jahrzehnten immer klarer zu sehen begonnen: Kirche ist immer noch mehr als die kleine, vielleicht gar nicht immer im Sinne Jesu Christi handelnde Gemeinde, mehr als dieser oder jener Amtsträger, der den Blick auf Christus durch seine Fehlerhaftigkeit verstellt, mehr sogar als Kirche in einem Land oder in einem Kontinent. Das allein kann schon trösten.

Aber wird Kirche nicht immer hinter ihrem Ziel „zurückbleiben" müssen? Sie ist doch auf dem Weg, steht immer neu vor der Herausforderung sich zu reformieren, bis sie hinkommt zu dem „himmlischen Jerusalem". Gibt das dann aber jenen Recht, die immer zu Geduld und Abwarten raten? Beim Theologen Medard Kehl habe ich diesbezüglich ein gutes Wort gefunden. Er rät unter

vielem anderen, gleichsam durch die irdische Kirche auf das endgültige Ziel zu schauen, auf das noch ausstchende Reich Gottes.
Er sagt: „Je mehr es uns gelingt, die Kirche insgesamt auf das Reich
Gottes hin zu relativieren, umso mehr werden wir befreit von einer engen Fixierung auf innerkirchliche Zu- und Missstände." Dabei erinnert er sich an eine Predigt, die er in Tübingen gehört hat,
in der in humorvoller Weise das bekannte Jesuswort aus der Bergpredigt abgewandelt wurde: „Suchet zuerst das Reich Gottes und
seine Gerechtigkeit, alles andere wird euch dazugegeben – auch
die Kirche." Die Kirche ist also eine „Zu-Gabe" zum Reich Gottes. Worauf wir hingehen, ist dieses Gottesreich, und Kirche ist
ein Weg, ein oft mühsamer, gemeinsamer Pilgerweg. Und doch,
wo Gemeinschaft im Geiste Gottes wächst, dort wird Kirche schon
zu einem Durchblick auf das Reich Gottes hin, dort ist es schon
hier und jetzt angebrochen. Das kann durch mich und meine Ge-
brechlichkeit verhindert werden, aber gerade auch durch mich gelingen.

Ich stehe in meinem Alter gleichsam vor den Toren der Ewigkeit, also auch vor den Toren jenes himmlischen Jerusalems, wo
Kirche ganz und gar in das Reich Gottes übergehen wird. Soll ich
jetzt nur mehr geduldig darauf warten? Ich bilde mir ein, dass ich
noch die Aufgabe habe, zu helfen, dass die Kirche schon hier
„mehr" wird, als sie zurzeit ist. Ich bin Kardinal Schönborn sehr
dankbar, dass er mich trotz meiner Emeritierung durch offizielle
Aufträge darin bestärkt. Gott gebe mir noch eine Zeit lang die
Kraft dazu. Und dieses Buch habe ich geschrieben, um möglichst
viele einzuladen, aus Liebe zur Kirche dabei mitzugehen und – wo
immer sie stehen – all ihre Kräfte dafür einzusetzen, dass Kirche
immer noch „mehr wird"!

Personenregister

A = erster Bildteil nach Seite 48, B = zweiter Bildteil nach Seite 112

Adam, K. 126
Adenauer, Konrad 14

Barta, Richard 41
Batlogg, Andreas R. 149 f.
Bayer, Jean 69
Bayerlein, Walter 92
Benedikt XVI., Papst 180, 190, B3,
  siehe auch: Ratzinger, Joseph
Berg, Karl 54
Bielaszewski, Jan 49
Blecha, Karl 41
Böckenförde, Ernst-Wolfgang 190 f.
Boff, Leonardo 143
Böll, Heinrich 100
Boulad, Henri 181
Brecht, Bertolt 102
Bruckmoser, Josef 7, 155
Büchele, Herwig 45
Bünker, Michael 115, B6
Busek, Erhard 30

Cagna, Mario 49
Cecchini, Michele 56 f., 64
Chenu, M. D. 126
Congar, Y. 126
Cordes, Paul 51
Czuma, Hans 43

Daniélou, J. 126
de Chardin, Teilhard 25
de Lubac, Henri 25, 126
Degasperi, Alcide 14
Denk, Franz 17 f.
Dexinger, Ferdinand 27
Döpfner, Julius A5

Eder, Georg 56, 86, 105
Ender, Erwin Josef 50 f.
Eß, Johannes 13, A2

Fahlbusch, Benno A5
Faymann, Werner 55
Felici, Pericles 127
Fellner, Anton 29
Figl, Leopold 14, 17
Fischer, Heinz B9
Freud, Sigmund 51
Friedrich, Otto 88

Gaillot, Jacques 185
Gantin, Bernardin 69 f.
Glaser, Lony 70
Gleixner, Christine 118, B7
Gorbach, Alfons 21
Greshake, Gisbert 146, 149 f.
Groer, Hans Hermann 56 ff., 63 ff., 68 f.,
  72, 74, 83 ff., 103, 105
Gruber, Franz Xaver 34
Guardini, R. 126
Gusinde, Martin 14

Haas, Wolfgang 112
Harnoncourt, Philipp 122
Haumer, Josef A2
Häupl, Michael B9
Helnwein, Fini 17
Hochhuber, Leopold 10
Horn, Werner 115
Hurdes, Felix 14

Innitzer, Karl Theodor 16 ff.

Jachym, Franz 16 ff., 27, 29 f., 34, 40 f.,
  A10
Johannes XXIII., Papst 8, 19, 22 f., 26,
  127, 129, 135, 137, 183, 196, 200,
  A8
Johannes Paul II., Papst 49, 53, 58, 66 f.,
  70, 130, 133, 135, 137, 152, 159, 172,
  178, 198, B2, B8

Joseph II., Kaiser 78
Jungmann, J. A. 126

Kapellari, Egon 52, 86, 90
Karlberger, Walter 113
Kasper, Walter 35, B6
Käßmann, Margot B6
Kehl, Medard 202
Kempf, Wilhelm 26
Kennerknecht, Aloys 25
Khol, Andreas 43, 45 f., 56
Kirchschläger, Rudolf B8
Klasnic, Waltraud 167
Klecatsky, Hans 37
Knall, Dieter 115
Koch, Kurt 112
Kodeischka, Lothar 29
König, Franz 8, 17 ff., 26 f., 29 f., 38 ff., 46, 49 f., 52 ff., 63, 66, 68, 70 f., 73 f., 77 f., 83, 94, 114, 116, 137, 173, A4, A5, A8, A10
Koppers, Wilhelm 14
Kosnetter, Johannes 18
Kostelecky, Alfred 56
Krätzl, Hugo A1
Kraus, Herbert 21
Kreisky, Bruno 17, 38, 41
Krenn, Kurt 56, 64, 67 ff., 73 f., 85, 90, 94, 145
Kuharić, Franjo 53
Küng, Klaus 56
Kunschak, Leopold 14
Kuntner, Florian 39 f., 63 f., 68, 77 ff., A10

László, Stephan 37, A10
Lauterer, Kassian 105
Lehmann, Karl 35, 119
Lettmann, Reinhard 25, 68, A10
Lustiger, Jean-Marie 53

Maar, Otto 11, 13, A2
Macharski, Franciszek 53
Mann, Christine 112

Marti, Kurt 102
Martínez Somalo, Eduardo 49
May, Georg 116
Meisner, Joachim 53
Miller, Gabriele B5
Mock, Alois 46
Moser, Karl 29, 64, 68

Nausner, Helmut 115
Nedbal, Johannes 29, A9

Olah, Franz 41

Parsch, P. 126
Paul VI., Papst 27, 40, 66 f., 127 f., 135, 148, 151, 167, B1
Pesch, Otto Hermann 150, 153, 190
Pissarek-Hudelist, Herlinde 50
Pius IX., Papst 25
Pius XII., Papst 18 f., 23
Plechl, Pia Maria 51, 57, B8
Ploier, Eduard 52
Pozzo, Guido 182

Raab, Julius 14, 16 f., 21
Rahner, H. 126
Rahner, Karl 25 f., 126, 156
Ratzinger, Joseph 26, 35, 85, 126, 131, 138 f., 142 ff., 171, 174, 179
Rauber, Karl Josef 142, B11
Re, Giovanni Battista 138, 142
Reidlinger, Franz A8
Röser, Johannes 157
Rossi, Opilio 52

Schaffelhofer, Walter 55
Schebesta, Paul 14
Scheffczyk, Leo 129, 145 ff.
Schlögl, Matthias B4
Schmaus, M. 126
Schmid, Margarete 94
Schmidt, Heide B8
Schmidt, Wilhelm 14
Scholz, Kurt 106

Schönborn, Christoph 83, 85 f., 88, 90, 94, 103, 112 f., 125, 130 ff., 136 ff., 142 f., 145, 166, 176, 203, B11
Schuman, Robert 14
Schwarz, Ludwig 142, 145
Seibel, Wolfgang 92
Semmelroth, O. 126
Sodano, Angelo 85
Squicciarini, Donato 40, 82, 87, B5
Stadler, Martin 20 f.
Staffa, Dino 24
Staikos, Michael 114, B7
Staudinger, Ferdinand 25
Stecher, Reinhold 84
Stepinac, Alojzije 19 f., A6
Streidt, Josef 17
Strobl, Karl 27
Struppe, Ursula 88
Stubenvoll, Franz 30
Sturm, Herwig 115

Taus, Josef 45

Toth, Josef 65
Tucci, Roberto 51 f.

Unterberger, Hugo A8

von Balthasar, H. U. 126
von Karajan, Herbert 54 f.

Wallner, Leo 113
Weber, Johann 52, 84 ff., 88 f., B2
Weiler, Rudolf 30
Weinbacher, Jakob 22, 29
Weismayer, Josef 35
Wilhelm, Michael 90
Willvonseder, Robert 82
Winckler, Georg B10

Zak, Franz 58
Zangerle, Ignaz 95
Zerwick, Max 24
Ziegenaus, Anton 145
Zulehner, Paul M. 158

Bildnachweis

Alle Aufnahmen im Bildteil stammen aus den Privatarchiv von Helmut Krätzl.
Bei folgenden Bildern sind die Fotografen vermerkt:
A3 unten: Photo Brühlmeyer, Baden
A5, A8 oben und unten, B1, B2 oben: Pontificia Fotografia G. Felici, Rom
A9 oben und unten: Fotoinformation Gert Schlegel, Wien
A10, A11 oben und unten: Daniel C. Bradley, Wien
B2 unten: © L'Osservatore Romano, Vatikanstadt, Foto Felici
B3: Servizio Fotografico de „L'O.R.", Vatikanstadt
B6 unten, B10 unten, B11 unten: Franz Josef Rupprecht, Wien, www.kathbild.at
B8 unten: HOPI – Holzner Pressefoto, Wien
B9 oben: Landesbildstelle Wien / Fotograf Sterrer
B10 oben, B11 oben: Dr. Brigitte Ngo Van-Wagner, Wien

Helmut Krätzl

**Neue Freude
an der Kirche**

Ein engagiertes Bekenntnis
304 Seiten, geb. mit SU
ISBN 978-3-7022-2412-7

Drängende Fragen für die Kirche werden in diesem Buch offen und kompetent angesprochen, u. a.:

- Gottesfrage versus kirchliche Strukturfragen
- Spannungen zwischen Lehramt und Theologie
- Dramatisches Ringen um die rechte Pastoral an wieder verheirateten Geschiedenen
- „Dominus Jesus" – war das Konzil in der Ökumene nicht schon weiter?

„Selten ist hierzulande solch ein Zueinander von Theologie und Bischof zu spüren und das ehrliche Ringen um eine Kirche in der Welt von heute."
(O. Friedrich, Die Furche)